HISTOIRES DU SOIR

POUR

ENFANTS MUSULMANS

30 Récits à Travers les Merveilles des Trésors Islamiques

Histoires du Soir pour Enfants Musulmans

ISBN: 9798883326034

Bismillah Ar-Rahmane Ar-Rahim

Au nom d'Allah, le Tout Miséricordieux, le Très Miséricordieux.

Sommaire

Préface..06

Histoire 1 : L'Islam Expliqué aux Enfants, partie 1.......................08

Histoire 2 : L'Islam Expliqué aux Enfants, partie 2.......................14

Histoire 3 : Amir apprend le Woudou.......................................20

Histoire 4 : Amir apprend la Salat..26

Histoire 5 : Amir et la Prière du Vendredi................................32

Histoire 6 : Un Voyage à travers des Termes Islamiques...................36

Histoire 7 : L'année de l'Éléphant..42

Histoire 8 : L'enfance du Prophète Mohammed (sws), Partie 1...............52

Histoire 9 : L'enfance du Prophète Mohammed (sws), Partie 2...............58

Histoire 10 : L'enfance du Prophète Mohammed (sws), Partie 3..............64

Histoire 11 : L'enfance du Prophète Mohammed (sws), Partie 4..............68

Histoire 12 : La naissance et l'enfance du Prophète Issa (psl)............74

Histoire 13 : L'Enfance du Prophète Moussa (psl).........................80

Histoire 14 : L'Enfance du Prophète Youçouf (psl).........................86

Histoire 15 : l'Enfance du Prophète Ismaël (psl) et l'histoire de Zamzam 92

Histoire 16 : Le Pardon du Prophète Mohammed (sws)........................98

Histoire 17 : Le Pardon du Prophète Youçouf (psl)................104

Histoire 18 : Al Israa wa Al Mi'raj , partie1...................108

Histoire 19 : Al Israa wa Al Mi'raj , partie2...................114

Histoire 20 : Une Soirée de Quiz sur les Prophètes entre Enfants.............120

Histoire 21 : Le Prophète Moussa (psl) et les Sorciers...................126

Histoire 22 : Le Lépreux, le Chauve et L'aveugle...................130

Histoire 23 : Les Deux Marchands et la Mer : Confiance en Allah (swt).......136

Histoire 24 : Arrogance Contre Humilité...................142

Histoire 25 : Paroles Blessantes (Leçons D'unité)...................148

Histoire 26 : Les Leçons de Sagesse des parents pour leurs enfants..........154

Histoire 27 : Amina et Amir et l'apprentissage des sourates...................158

Histoire 28 : La Lune du Ramadan...................162

Histoire 29 : Le premier jour de Ramadan...................172

Histoire 30 : La Fête de l'Aïd Al-Fitr...................178

QUIZ : 100 Questions...................184

Réponses de quiz...................192

préface

Assalam Aleykoum !

Salut toi ! Bienvenue dans un voyage extraordinaire, unique en son genre, qui t'invite à explorer les profondeurs et les merveilles de notre foi, l'Islam. Ce livre, à travers ses 30 histoires captivantes, t'offre une fenêtre sur les miracles, les enseignements des prophètes, et les valeurs véhiculées par notre bien-aimé Prophète Mohammed ﷺ.

Au cœur de cette aventure se trouvent Amina et son frère Amir, deux enfants musulmans courageux et curieux, juste comme toi. En leur compagnie, tu traverseras des récits enrichissants, te guidant vers la compréhension et la pratique des principes islamiques dans ton quotidien.

Amir et Amina, guidés par l'amour et les sages conseils de leurs parents, vont t'inspirer à suivre les pas lumineux des prophètes. Tu découvriras comment les erreurs peuvent se transformer en leçons précieuses. Ces deux enfants vont te montrer comment, à travers les histoires des prophètes, le Woudou, la Salat, la gestion de la colère, et la célébration du Ramadan et de l'Aïd, nous pouvons tous aspirer à être de meilleurs musulmans.

Conseil : Partage tes découvertes avec ta famille. Ce livre est conçu pour t'enrichir et te guider à chaque moment, peu importe la saison. Cependant, si tu commences à lire pendant le mois béni du Ramadan, commence par les histoires numéros 28 et 29.

À la fin de ce livre, tu trouveras des quiz passionnants pour tester tes connaissances et tout ce que tu as appris au fil de tes lectures.

Note : Dans ce livre, tu trouveras des abréviations spécifiques. Voici ce qu'elles signifient :

- **Allah (swt)** : L'abréviation "(swt)" se trouve après le nom d'Allah (swt) et signifie "Soubhanahou wa ta'ala", ce qui peut se traduire par "Glorifié et Exalté soit-Il". Cette expression est utilisée uniquement pour Allah (swt).

- **Le prophète Mohammed (sws)** : Lorsque tu vois "(sws)" après le nom de notre prophète (sws), cela signifie "Sallallahou alaihi wasallam", traduit par "Que la prière d'Allah et Son salut soient sur lui". Cette formule exprime notre amour et notre respect pour notre prophète (sws)

- **Les autres prophètes (psl)** : Après les noms des autres prophètes, tu verras "(psl)", qui signifie "Que la Paix soit sur lui". Cette formule exprime notre respect pour tous les prophètes.

"Maintenant, tourne la page, dis 'Bismillah', et embarque dans les aventures qui t'attendent !"

Histoire 1 : L'Islam Expliqué aux Enfants, partie 1

Ahmed et sa femme Fatima, unis dans le voyage de la vie et de l'amour, cultivent avec soin le terreau de leur famille, offrant à leur fille Amina, 10 ans, et à leur fils Amir, 7 ans, un cadre où fleurissent les valeurs de courage, de persévérance et de sagesse. Leur quotidien, est une œuvre d'art vivante, peinte avec les couleurs de l'enseignement et de la foi, où chaque moment est une leçon, chaque épreuve un chapitre d'apprentissage.

Un après-midi, alors que le doux parfum des jasmins emplissait l'air, ils préparèrent une discussion spéciale pour aborder les valeurs fondamentales de l'Islam.

– "Amina, Amir, venez, il est temps de parler d'un sujet très important," annonça Fatima, installant une nappe sur le sol du salon pour leur goûter.

– "De quoi allons-nous parler aujourd'hui, Oummi ?" demanda Amina, les yeux brillants d'intérêt.

– "Nous allons parler de notre belle religion, l'Islam," répondit Fatima avec douceur.

Ahmed se joignit à eux, un sourire accueillant sur le visage.

Ensemble, la famille prononça "Bismillah", marquant le début de leur conversation spirituelle.

– "Abbi, qu'est-ce que l'Islam exactement ?" interrogea Amir, penchant la tête sur le côté.

– "L'Islam, mon fils, c'est notre belle religion, c'est la soumission à la volonté d'Allah (swt). Cela signifie suivre Ses commandements et chercher à Lui plaire dans tout ce que nous faisons," expliqua Ahmed.

– "Et Allah, c'est qui pour nous ?" ajouta Amina.

– "Allah (swt) est notre créateur, Amina. Il est le Seigneur de l'univers, le Tout Miséricordieux. Nous lui devons notre vie et tout ce que nous possédons," répondit Fatima, sa voix emplie de gratitude.

– "Abbi, comment pouvons-nous montrer notre amour pour Allah (swt)?" demanda Amir, ses yeux pétillants de curiosité.

– "En L'adorant seul, en suivant Ses enseignements, et en aimant ce qu'Il aime. Cela inclut être bons avec les autres, prendre soin de Sa création, et pratiquer les cinq piliers de l'Islam," répondit Ahmed, saisissant l'occasion d'enseigner.

– "Quels sont ces cinq piliers, Abbi ?" questionna Amina.

– "Les cinq piliers de l'Islam sont la Shahada, la Salat, la Zakat, le Saum, et le Hajj. Chacun joue un rôle crucial dans notre foi," expliqua Ahmed, en détaillant chaque pilier.

– "Pourquoi sont-ils si importants ?" s'interrogea Amir.

– "Ils nous aident à nous rapprocher d'Allah (swt). Par exemple, la Salat nous permet de réciter le Coran et invoquer Allah (swt) cinq fois par jour et plus, et le Saum (le jeûne du Ramadan) nous apprend la patience, en plus, ces cinq piliers nous aident à avoir beaucoup des récompenses," répondit Ahmed.

– "C'est quoi la Shahada, Abbi ?" demanda curieusement Amina, penchant la tête.

Ahmed sourit à sa question.

– "La Shahada est la première des cinq piliers de l'Islam. Elle est la déclaration que 'Il n'y a de dieu qu'Allah (swt), et Mohammed (sws) est le messager d'Allah'. C'est par cette affirmation que l'on devient musulman."

– "Pourquoi c'est si important de dire ça ?" ajouta Amir, intrigué.

– "C'est important parce que cela résume la croyance fondamentale de l'Islam," expliqua Ahmed, "cela signifie que nous reconnaissons Allah (swt) comme le seul vrai Dieu, et que nous acceptons le Prophète Mohammed, (sws), Son dernier messager."

Fatima s'est jointe à la conversation en portant un plateau de thé et de dattes, servant du thé pour elle et Ahmed, ainsi que des dattes et des biscuits pour toute la famille.

– "En prononçant la Shahada, nous montrons notre engagement à suivre les enseignements d'Allah (swt) transmis à travers notre Prophète (sws)," ajouta Fatima.

Les questions des enfants se succédèrent, chaque réponse des parents apportant lumière et compréhension sur les enseignements de l'Islam. Ils parlèrent de la vie du Prophète Mohammed (Que la prière d'Allah et son salut soient sur lui), son caractère exemplaire, et son rôle dans la diffusion des messages d'Allah (Glorifié et Exalté soit Il).

– "Notre prophète Mohammed (sws) était connu pour sa grande moralité et sa gentillesse envers tous, même ceux qui ne partageaient pas ses croyances. C'est un modèle pour nous," expliqua Fatima, encourageant ses enfants à apprendre.

– "Comment pouvons-nous être comme notre Prophète (sws) ? " demanda Amina, inspirée par l'histoire.

– "En pratiquant la patience, la générosité, et en traitant les autres avec respect et compassion, Amina. En cherchant à améliorer notre caractère et en vivant selon les principes de l'Islam chaque jour," répondit Ahmed, guidant ses enfants sur le chemin de la foi.

La conversation se poursuivit, plongeant plus profondément dans les valeurs islamiques et la manière dont elles pouvaient être intégrées dans la vie quotidienne. Amina et Amir posèrent des questions, avides d'apprendre et de comprendre, tandis que Ahmed et Fatima répondirent avec amour et sagesse, partageant des anecdotes et des leçons tirées du Noble Coran et de la Sunnah du prophète (sws).

Le lendemain matin, Amina et Amir se réveillèrent avec une curiosité renouvelée et une excitation à l'idée d'apprendre encore plus sur leur foi. Après la prière du Fajr, la famille s'assit ensemble pour le petit-déjeuner, où la conversation de la veille reprit naturellement son cours.

– "J'ai pensé à ce que nous avons discuté hier," commença Amina, en versant du lait dans son bol de céréales. "Comment pouvons-nous vraiment savoir si nous suivons le bon chemin ?"

– Ahmed, prenant une datte, répondit, "C'est une excellente question, Amina. Allah (swt) nous a donné le Coran comme guide et le Prophète Mohammed (sws) comme exemple parfait à suivre. En apprenant et en mettant en pratique leurs enseignements, nous pouvons être assurés que nous sommes sur le droit chemin."

– "Mais comment pouvons-nous être sûrs de bien comprendre leurs enseignements ? Il y a tellement de choses à savoir !" ajouta Amir, curieux.

– "C'est vrai, Amir. C'est pourquoi il est important d'apprendre continuellement, de poser des questions et de chercher des connaissances auprès de sources fiables.

– "Et si on fait des erreurs ?" demanda Amina.

– "Nous en faisons tous, Amina," répondit doucement Fatima. "Allah (swt) est le Tout Miséricordieux. Il sait que nous ne sommes pas parfaits. Ce qui compte, c'est que nous nous repentons et essayons de faire mieux à l'avenir."

Encouragés par ces mots, les enfants réfléchirent à leurs propres expériences et à la manière dont ils pourraient s'améliorer. La conversation se tourna ensuite vers les piliers de la foi.

– "Je sais que nous avons parlé des piliers de l'Islam hier," dit Fatima, "mais que pensez-vous d'apprendre les piliers de la foi ?"

Ahmed prit cela comme une opportunité pour approfondir les compréhension de ses enfants.

– "Les piliers de la foi sont tout aussi importants. Ils sont au nombre de six : la croyance en Allah (swt), en Ses anges, en Ses livres, en Ses messagers, au Jour dernier, et au destin, qu'il soit bon ou mauvais."

Et la conversation continua, chaque membre de la famille partageant ses pensées et posant des questions.

– "Je me sens vraiment chanceux d'avoir une famille avec qui je peux parler de ces choses," dit Amina, un large sourire sur son visage.

Dans les jours qui suivirent, Amina et Amir mirent en pratique ce qu'ils avaient appris, cherchant des occasions de faire preuve de gentillesse, de patience et de gratitude. Ils commencèrent à lire le Coran, à écouter attentivement les histoires de leurs parents sur les prophètes et à appliquer les leçons de moralité et d'éthique dans leurs interactions quotidiennes.

"L'aventure continue : prochaine histoire !"

Une nouvelle journée s'annonça, la famille se rassembla dans le salon, baignée dans une atmosphère de jeu et d'apprentissage. Ahmed et Fatima avaient concocté un jeu-questionnaire spécial pour éduquer Amina et Amir sur les fondements de l'Islam, tout en injectant de la joie et de l'amusement dans le processus.

— "Alors, première question : Combien de prières obligatoires accomplissons-nous chaque jour ?"

"Six !" s'exclama Amir, captant immédiatement l'attention de tous.

— "Presque, Amir. Il y en a cinq. Peux-tu les nommer ?" corrigea Fatima avec douceur.

Amina, désireuse d'aider son frère, prit part à la conversation.

— "Fajr, Dhuhr, Asr, Maghrib et... euh... Isha !" lança-t-elle, légèrement incertaine du dernier.

— "Très bien, Amina ! Maintenant, pouvez-vous me dire combien de rak'ahs (unité) sont effectuées pour la prière du Dhuhr ?"

"Cinq ?" dit Amir, tentant sa chance.

— "C'est quatre, Amir. Ne t'en fais pas, on apprend en pratiquant," rassura Fatima.

Ahmed lança une nouvelle question pour garder leur attention.

– "Où se trouve la Kaaba, vers laquelle tous les musulmans du monde entier se tournent pour prier ?"

– "À... à la Mecque !" répondit Amir avec assurance.

Le jeu se poursuivit, enchaînant les questions couvrant divers sujets.

– "Qu'est-ce que la Zakat ?" ajouta Ahmed.

Perplexes, les enfants se grattèrent la tête, et Amina avança timidement une réponse.

– "Donner de l'argent aux pauvres ?"

– "Oui, c'est une façon de l'expliquer. C'est un devoir de donner une partie de ce qu'on possède aux personnes dans le besoin," clarifia Fatima, jetant un coup d'œil affectueux à ses enfants.

– "Quelle fête marque la fin du Ramadan ?"

– "L'Aïd el-Fitr !" intervint Amir, plein d'enthousiasme.

– "Exact ! Et pourquoi est-il interdit de mentir en Islam ?"

Après un moment de réflexion, Amina proposa :

– "Parce que c'est mal et Allah (swt) aime la vérité ?"

– "Exactement, Allah (swt) nous guide, à travers le Noble Coran, à être honnêtes et à respecter la Amana," ajouta Ahmed.

Après une courte pause, durant laquelle Fatima servit des rafraîchissements pour maintenir l'énergie du jeu, la famille se rassembla de nouveau, prête pour la seconde partie du jeu-questionnaire. L'atmosphère était chargée d'excitation et de curiosité, Amina et Amir étant impatients d'en apprendre davantage.

– "Voici maintenant une question un peu plus complexe : Qu'est-ce que le Hajj ?" demanda Ahmed.

Amina, prenant un moment pour réfléchir, répondit finalement :

– "Est-ce que ça se passe pendant le Ramadan ?"

– "Amina. Le Hajj est le pèlerinage à la Mecque, et c'est l'un des cinq piliers de l'Islam. C'est un voyage sacré que chaque musulman doit tenter de réaliser au moins une fois dans sa vie, s'il en a les moyens." dit Ahmed.

Les enfants acquiescèrent, légèrement embarrassés mais reconnaissants de l'explication.

– "Et pourquoi la gentillesse est-elle importante en Islam ?" interrogea Fatima, souhaitant introduire des concepts liés au comportement.

Amir, montrant une maturité inattendue pour son âge, répondit :

– "Parce que être gentil, c'est suivre l'exemple de notre Prophète Mohammed (sws)."

– "C'est juste, Amir. Le Prophète (sws) était réputé pour sa grande bienveillance envers tous," approuva Fatima, visiblement impressionnée.

Après une série de questions enrichissantes, Ahmed jugea que le moment était venu de passer à la partie suivante du jeu, où les défis seraient légèrement plus difficiles, mais les récompenses d'autant plus gratifiantes.

– "Vous vous êtes tous les deux très bien débrouillés jusqu'à présent," commença Ahmed, captivant l'attention des enfants. "Pour rendre notre jeu encore plus captivant, j'ai imaginé un petit défi pour chacun de vous."

Les yeux d'Amina et d'Amir pétillèrent, avides de découvrir ce que leur père avait en réserve.

– "Amir, ta mission sera de me dire combien de prières obligatoires nous effectuons chaque jour, de les nommer, et de me dire également quel est le mois sacré du jeûne dans notre religion."

Amir acquiesça, prêt à relever le défi, ses erreurs précédentes lui ayant appris de précieuses leçons.

– "Amina, pour toi, ta première question est : Combien d'unités il y a dans chaque prière obligatoire et les nommer par ordre ? Ensuite, combien de fêtes célébrons-nous en Islam et quels sont leurs noms ? Et pour conclure, peux-tu me citer cinq qualités qu'un bon musulman doit avoir ?" poursuivit Ahmed.

Amina écouta attentivement, sachant que les questions demanderaient une réflexion et une compréhension plus approfondies.

Après avoir lancé le défi, Ahmed et Fatima attendaient avec impatience les réponses de leurs enfants. Amir, désireux de se racheter de son erreur précédente, prit la parole en premier :

– "Il y a cinq prières obligatoires par jour," commença-t-il avec assurance. "Elles sont Fajr, Dhuhr, Asr, Maghrib, et Isha." Son visage s'illumina, fier de corriger son erreur initiale. Fatima acquiesça, un sourire encourageant aux lèvres.

– "Exactement, Amir ! Bien joué," répondit Ahmed, impressionné par les efforts de son fils.

– "Et le mois de jeûne... c'est Ramadan !" conclut Amir, sa confiance restaurée.

Ahmed se tourna ensuite vers Amina, attendant ses réponses avec intérêt.

– "Pour la prière de Fajr, il y a deux rak'ahs (unité). Puis, la prièrer de   Dhuhr, en a quatre, en suite le Asr quatre, puis le Maghrib trois, et enfin le Isha quatre," dit Amina, cherchant l'approbation dans les yeux de ses parents.

– "Parfait, Amina," sourit Fatima, "Et maintenant, les fêtes et les qualités d'un bon musulman ?"

– "Nous avons deux grandes fêtes... L'Aïd al-Fitr après le Ramadan, et L'Aïd al-Adha," expliqua-t-elle, sa voix devenant plus assurée.

– "Et pour les qualités... un bon musulman doit aimer Allah (swt) et le Prophète Mohammed (sws), aimer notre belle religion, respecter nos parents, et ne pas mentir," conclut Amina, un peu anxieuse mais espérant avoir bien répondu.

Fatima et Ahmed échangèrent un regard, tous deux émus par la simplicité et la profondeur de la compréhension de leur fille.

– "C'est magnifique, Amina," dit Fatima, sa voix teintée de fierté. "Tu as tout à fait raison. Ces qualités sont essentielles pour être un bon musulman. Aimer Allah (swt), Son Prophète (sws), notre religion, respecter nos parents, et ne pas mentir, sont au cœur de notre belle religion."

Ahmed se leva, apportant avec lui les cadeaux préparés en secret, et les remit à Amir et Amina. Leur excitation était palpable, mais elle ne provenait pas seulement des jouets qu'ils recevaient. Elle venait aussi de la reconnaissance de leurs efforts et de la validation de leur croissance dans la connaissance et la compréhension de leur foi.

"Tournons la page vers une nouvelle histoire !"

Histoire 3 : Amir apprend le Woudou

Un dimanche ensoleillé, juste avant la prière du Dhuhr, la maison résonnait d'une activité inhabituelle. Ahmed, le père, eut une idée lumineuse.

– "Amir, pourquoi ne vas-tu pas voir comment Amina fait son Woudou ? Cela pourrait t'aider à apprendre," suggéra-t-il avec un sourire bienveillant. Fatima, la mère, hocha la tête en accord, tandis que Amina se dirigeait vers la salle de bain avec un air sérieux. Amir, curieux et un peu hésitant, la suivit.

– "D'accord, Amina, peux-tu dire à haute voix en parallèle ? Comme ça, Amir peut apprendre," demanda Ahmed depuis le salon, où lui et Fatima observaient.

– "D'accord Abbi, premièrement, on dit 'Bismillah' pour commencer," commença-t-elle, ses mains rencontrant l'eau. "Ensuite, on se lave les mains jusqu'aux poignets, trois fois."

Amir, concentré, observait chaque mouvement de sa sœur.

– "Après les mains, on se rince la bouche trois fois," continua Amina, démontrant soigneusement le rinçage. Amir suivait du regard, imitant silencieusement les gestes.

– "Puis, on nettoie le nez, en inspirant l'eau doucement, trois fois aussi," dit elle, pratiquant cette étape.

Amir rit légèrement, trouvant l'action amusante mais importante.

– "Maintenant, on se lave le visage de haut en bas et d'oreille à oreille, trois fois," expliqua Amina, son visage brillant de l'eau propre.

– "On passe ensuite aux bras, jusqu'au coude, en commençant par la droite, puis la gauche, trois fois chacun," dit-elle. C'est à ce moment qu'Amina commença par la main gauche par erreur.

Ahmed, depuis le salon, l'interrompit doucement :

– "Amina, ma chérie, c'est la main droite d'abord."

Amina se corrigea rapidement :

– "Oh, pardon ! Oui, c'est vrai. On commence par la main droite. Merci Abbi."

Elle compléta le lavage des bras correctement cette fois.

– "Après les bras, on passe et repasse les mains mouillées sur toute la tête, une fois," continua Amina, sa main glissant sur ses cheveux.

– "Et n'oublie pas les oreilles, en passant tes index à l'intérieur et tes pouces à l'extérieur," ajouta-t-elle, montrant à Amir.

– "Enfin, on lave les pieds, jusqu'aux chevilles, en commençant par le pied droit, puis le gauche, trois fois chacun," elle conclut, se penchant pour laver ses pieds avec soin.

Amina finit son woudou, c'était au tour d'Amir de pratiquer.

– "Alors, Amir, montre-moi ce que tu as appris," encouragea Amina. Amir commença, un peu nerveux mais désireux de bien faire :

– "On dit 'Bismillah'... puis, on lave les mains, trois fois," commença-t-il, puis il sauta directement au visage.

– "Non, Amir, après les mains, c'est la bouche, puis le nez que tu rinces trois fois chacun," corrigea Amina.

Amir, un peu confus, reprit :

– "D'accord, donc, après les mains, on rince la bouche, trois fois, le nez, trois fois... puis, le visage, trois fois."

Il continua, reprenant chaque étape à voix haute, y compris ses erreurs :

– "Ensuite, les bras, en commençant par la gauche... non, attends, c'est la droite d'abord, puis la gauche, trois fois."

Amina souriait, patiente :

– "C'est ça, et n'oublie pas la tête et les oreilles avant de passer aux pieds."

– "Ah oui ! La tête, une fois, les oreilles, et on fini par les pieds, en commençant par le droit, puis le gauche, trois fois," dit Amir, plus confiant.

– "Parfait ! Tu t'améliores déjà rapidement," dit Amina, fière de son frère.

– "Très bien, Amir ! L'important est de pratiquer et de ne pas avoir peur de se corriger," encouragea Ahmed.

– "Vous avez tous les deux fait du beau travail aujourd'hui," ajouta Fatima, heureuse de voir ses enfants s'entraider et apprendre ensemble.

Ahmed, prenant la parole, suggéra avec bienveillance :

– "Amir, pourrais-tu nous réciter une autre fois les étapes du woudou, sans précipitation cette fois ? Essayons de les dire étape par étape, bien organisées."

Amir, prenant une profonde inspiration, se prépara à relever le défi. Il commença, sa voix claire et posée :

– "D'abord, on dit 'Bismillah' avant de commencer. Ensuite, on se lave les mains jusqu'aux poignets, trois fois."

Il marqua une courte pause, s'assurant de ne rien oublier cette fois-ci.

– "Après les mains, on se rince la bouche soigneusement, trois fois. Puis, on nettoie le nez en inspirant légèrement l'eau, trois fois aussi."

Amir continua, plus confiant à chaque étape :

– "Le visage est lavé trois fois, de haut en bas, d'oreille à oreille. Ensuite, on lave les bras jusqu'aux coudes, en commençant par la droite, puis la gauche, trois fois chacun."

Il se souvint de l'ordre, prenant le temps de bien articuler chaque mot.

– "On passe les mains mouillées sur la tête, une seule fois, de l'avant vers l'arrière et on repasse de l'arrière vers l'avant. Puis, on nettoie les oreilles avec les index à l'intérieur et les pouces à l'extérieur."

Enfin, Amir conclut :

– "Et pour terminer, on lave les pieds jusqu'aux chevilles, en commençant par le pied droit, puis le gauche, trois fois chacun." Terminant sa récitation, Amir regarda sa famille, espérant avoir réussi.

– "C'était parfait, les enfants. Bravo Amir, c'est important de prendre son temps pour bien faire les choses. Juste la prochaine fois, utilisons la tasse pour le Woudou et essayons de ne pas gaspiller d'eau comme ça," rassura Fatima.

– "Exactement, bien dit, Fatima. Amir, tu as montré une grande amélioration. C'est important de prendre son temps, essayons de ne pas gaspiller d'eau la prochaine fois." ajouta Ahmed, exprimant sa satisfaction.

L'atmosphère dans la maison était empreinte de fierté et d'accomplissement. Amir se sentait encouragé et soutenu, non seulement dans son apprentissage du woudou mais aussi dans sa croissance spirituelle. Les paroles de sa famille résonnaient en lui comme un rappel de la patience, de la persévérance, et de l'importance de chaque étape dans la pratique de sa foi.

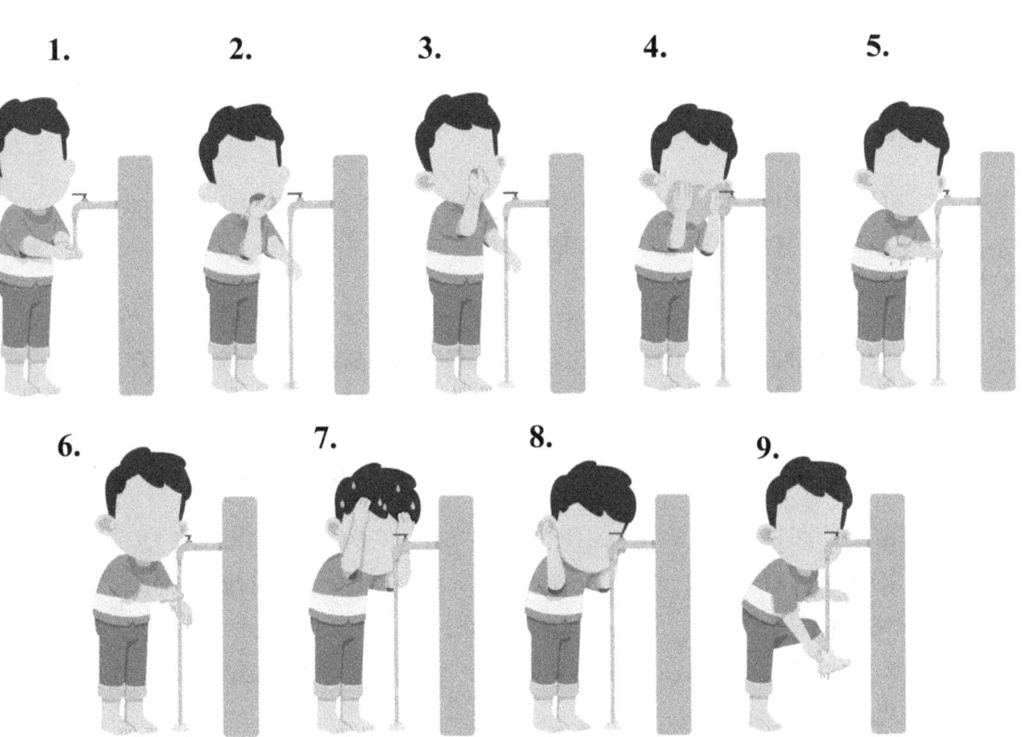

1. 2. 3. 4. 5.

6. 7. 8. 9.

Un garçon entrain de faire le Woudou

"Histoire suivante à suivre !"

Histoire 4 : Amir apprend la Salat

Un dimanche, après la Salat Al-Asr, Amir exprima son impatience d'apprendre la Salat, tout comme sa sœur Amina l'avait pratiquée. Ahmed, de retour de la mosquée, et Fatima, ayant déjà accompli sa prière, accueillirent avec joie cette initiative.

– "Je veux apprendre à prier, moi aussi, s'il vous plaît !" s'exclama Amir, les yeux pétillants d'excitation.

Ahmed sourit, demandant à Amina de montrer à Amir comment prier. Amina, prête à partager son expérience.

– "Amir, regarde d'abord comment je fais la Salat Al-Asr," dit Amina, se préparant à démontrer le processus.

Amir observa attentivement sa sœur accomplir sa prière en silence, notant mentalement chaque mouvement et chaque partie de la Salat. Une fois Amina terminée, elle se tourna vers Amir pour lui expliquer en détails chaque étape, cette fois en parlant.

– "Pour commencer, Amir, on se derige vers la Qibla, puis on dit 'Allahou Akbar' pour signaler le début de la prière," commença Amina, "cela s'appelle Takbirat al-Ihram."

– "Ensuite, on récite Al-Fatiha, la première sourate du Coran. Après Al-Fatiha, on récite une autre sourate ou quelques versets," expliqua-t-elle avec patience.

– "Après la récitation, on effectue la roukou, en se penchant en avant, les mains sur les genoux, et on dit 'Soubhana Rabbiyal Adheem' trois fois," poursuivit Amina, en montrant le mouvement de roukou.

– "En se redressant, on dit 'Samea Allahou liman hamidah, Rabbana lakal hamd', puis, on va en soujoud, en se prosternant sur le sol, et on répète 'Soubhana Rabbiyal A'la' trois fois," continua elle, décrivant la prosternation.

– "Entre les deux soujouds, on s'assoit brièvement, puis on procède au second soujud, et chaque fois entre les étapes on dit Allahou Akbar (Dieu est le plus grand)" ajouta Amina, soulignant la transition entre les actions.

Après avoir montré une unité complète de prière (rak'ah), Amina guida Amir à travers les étapes pour compléter la Salat de Al-Asr, qui comporte quatre unités (rak'ahs).

Motivé, Amir tenta de répéter les mouvements et les paroles après sa sœur. Malgré quelques oublis et erreurs, il parvint à effectuer plusieurs étapes correctement.

– "Je n'ai pas tout fait juste, mais j'ai fait de mon mieux," avoua Amir, cherchant l'approbation de sa famille.

– "Viens à côté de moi, mon fils," l'appela tendrement le père, "Tu as très bien fait, Amir. Maintenant, peux-tu prendre un moment pour me répéter les étapes de la prière ?"

– "On commence par 'Allahou Akbar'. Ensuite, on récite Al-Fatiha et une autre sourate. On fait la roukou et on dit 'Soubhana Rabbiyal Adheem', en se redressant, on dit 'Samea Allahou liman hamidah, Rabbana lakal hamd'. Après, on fait deux soujouds, en disant 'Soubhana Rabbiyal A'la' pendant chaque sujud."

Ahmed et Fatima écoutaient avec fierté, reconnaissant l'effort et la détermination de leur fils.

– "C'est un excellent début, Amir. La pratique rend parfait. Continue à apprendre et à pratiquer, et tout deviendra plus clair," conseilla Ahmed, plein de sagesse.

– "Et souviens-toi, Amir, la Salat est un acte très important dans belle religion. Même si tu fais des erreurs, l'intention et l'effort sont ce qui compte le plus," ajouta Fatima.

Amina, fière de son frère, lui promit plus de leçons pour perfectionner sa Salat. La maison se remplit d'une atmosphère d'apprentissage et de soutien.

Ahmed, voulant s'assurer qu'Amir comprenne bien les détails de la Salat, décida de lui répéter doucement et de manière organisée les étapes de la prière, en soulignant l'importance de chaque action et parole.

– "Amir, écoute bien. Après l'Iqama, la déclaration qui signale le début de la prière, nous nous dirigeons vers la Qibla. Avant de commencer, nous formons l'intention dans notre cœur de quelle prière nous allons faire, que ce soit la prière obligatoire du Dhuhr, par exemple, ou une autre."

Amir hochait la tête, absorbant chaque mot.

– "On commence la prière en disant 'Allahou Akbar', signifiant 'Dieu est le plus grand'. Cela montre notre soumission et notre reconnaissance que rien n'est plus grand qu'Allah (swt)."

Ahmed continua, guidant son petit fils à travers les étapes de la prière avec soin :

– "Ensuite, on récite Al-Fatiha, la première sourate du Coran. C'est un moment clé de la prière, où nous louons Allah (swt) et demandons Sa guidance. Après Al-Fatiha, on récite une autre petite sourate ou quelques versets du Coran que l'on connaît."

– "Puis, on dit 'Allahou Akbar' en s'inclinant pour le roukou. Les mains sont posées sur les genoux, le dos droit. Dans cette position, on glorifie Allah (swt) en disant 'Soubhana Rabbiyal Adheem' trois fois, ce qui signifie 'Gloire à mon Seigneur, le Très Grand'."

– "En se redressant du roukou, on dit 'Samea Allahou liman hamidah', signifiant 'Allah entend celui qui Le loue', suivi de 'Rabbana lakal hamd', 'À notre Seigneur toute louange'. Cela marque notre gratitude envers Allah (swt)."

– "On se prosterne en disant de nouveau 'Allahou Akbar'. Au sol, avec le front, le nez, les deux mains, les deux genoux, et les orteils des deux pieds touchant le sol, on dit 'Soubhana Rabbiyal A'la' trois fois, 'Gloire à mon Seigneur, le Très Haut'. C'est un moment d'humilité profonde."

– "Entre les deux prosternations, on s'assoit brièvement en disant 'Rabbighfir li', 'Seigneur, pardonne-moi'. Puis, on effectue une seconde prosternation, répétant les louanges à Allah (swt)."

Ahmed conclut :

– "Après chaque deux unités consécutives, on fait le tashahhud en position assise. En fin de prière, le tashahhud final est suivi du Salam à droite puis à gauche, en disant 'Assalamou alaikoum wa rahmatoullah', signifie 'Que la paix et la miséricorde d'Allah soient sur vous'. Cela marque la fin de la prière."

Amir écouta, impressionné par la profondeur et la structure de la prière. Ahmed le regarda avec amour et dit :

– "La Salat est notre lien direct avec Allah (swt), Amir. Elle structure notre journée, renforce notre foi et nous rappelle notre but dans ce monde. La pratiquer correctement est un honneur et une bénédiction."

Encouragé par les paroles de son père, Amir se sentit prêt à apprendre avec plus de confiance, sachant qu'il avait le soutien et les conseils de sa famille.

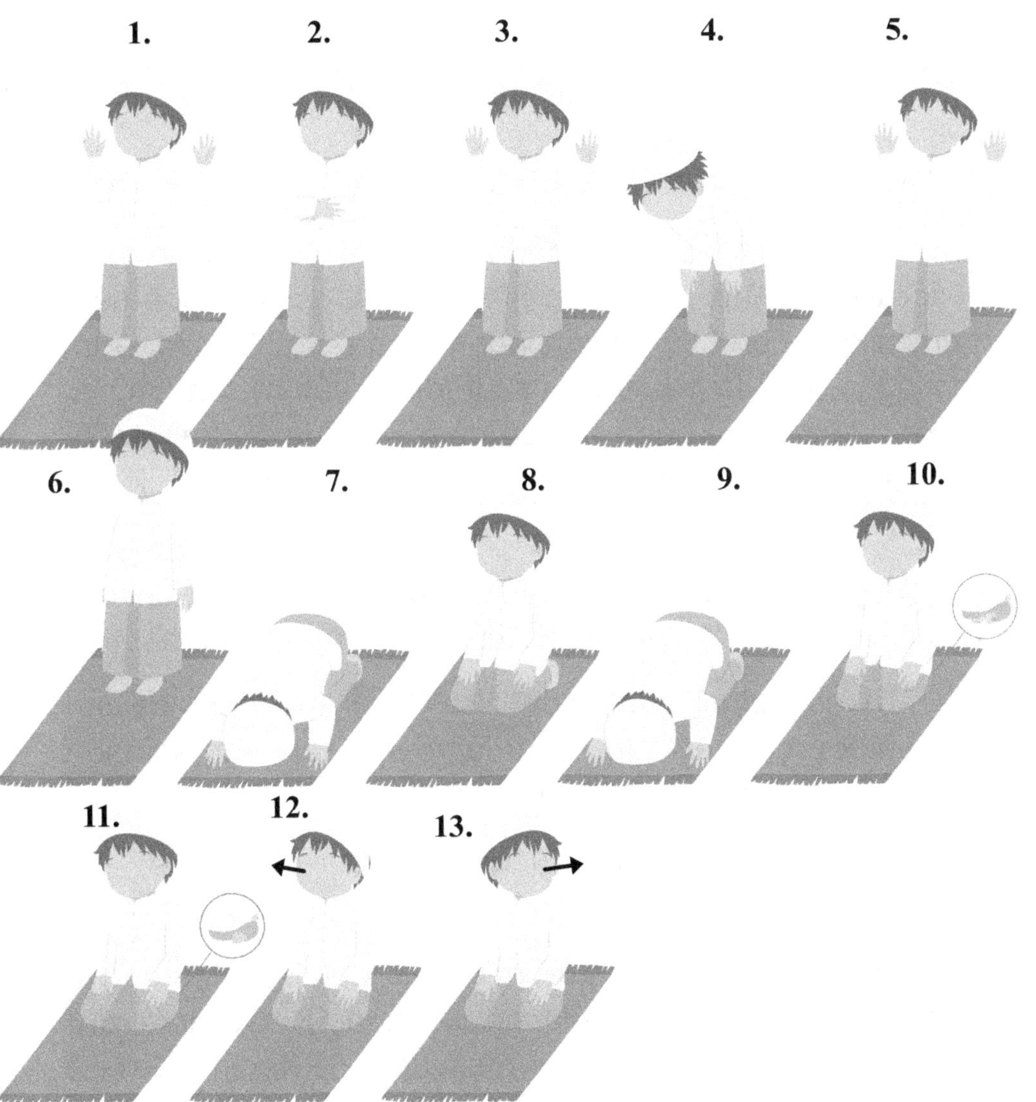

Un garçon entrain de faire la Salat

"Nouvelle aventure, page suivante !"

Histoire 5 : Amir et la Prière du Vendredi

Il est midi, le premier vendredi des vacances scolaires, et l'excitation d'Amir est à son comble. C'est une journée particulière, car il va accompagner son père, Ahmed, à la mosquée pour la prière de vendredi. Revêtant son Qamis blanc, identique à celui de son père, il est le portrait de la fierté et de l'anticipation, prêt à vivre ce moment privilégié ensemble.

– "Regarde, Abbi, je suis prêt ! Comme tu es en Qamis blanc, moi aussi !" s'exclama Amir, rayonnant de fierté.

– "Tu es magnifique, mon fils. C'est important de se présenter propre et digne pour la prière," répondit Ahmed, ajustant légèrement le col de son fils.

– "N'oubliez pas de faire une doua pour nous tous," dit Fatima doucement.

Ahmed et Amir, vêtus de leurs Qamis blancs, quittèrent la maison, le cœur empli d'anticipation pour la prière du vendredi. Le trajet vers la mosquée, le temps passé ensemble là-bas, et le retour à la maison constituaient un moment spécial qu'ils partageaient.

Après leur retour, Amir, encore imprégné de l'énergie, était impatient de partager son expérience.

– "Amina, tu ne croirais pas à quel point la mosquée était pleine aujourd'hui ! Dès qu'on est arrivés, le parking était si bondé que papa a dû se garer tout au bout," commença Amir.

– "Wow, ça devait être un jour spécial alors !" s'exclama Amina, mettant de côté son livre pour écouter son frère.

– "Oui, et devant la mosquée, il y avait tellement de rangées pour les chaussures. Papa et moi, on a trouvé un petit coin pour les nôtres," poursuivit Amir avec un rire.

Fatima, entendant le début de leur conversation, apporta des rafraîchissements pour les enfants.

– "Et vous êtes entrés juste en chaussettes, n'est-ce pas? C'est important de respecter les règles de la mosquée," dit-elle, posant le plateau.

– "Oui, maman ! Abbi m'a expliqué que c'est pour garder la propreté de la mosquée. Et dedans, c'était incroyable ! Il y avait des gens partout, certains lisaient le Coran, d'autres faisaient leur prière de salutation de la mosquée. Abbi m'a dit que c'est une prière qu'on fait avant de s'asseoir pour montrer du respect," raconta Amir, les yeux pétillants.

Ahmed rejoignit la conversation, souriant à la vue de son fils partageant son expérience.

– "C'est vrai. Et tu te souviens de l'adhan, Amir ? Comment tout le monde s'est calmé dès les premières notes ?" demanda Ahmed, encourageant son fils à partager plus.

– "Oh oui, papa ! C'était si beau. Tout le monde s'est arrêté et a écouté. Puis, quand l'Imam a commencé la khoutba, c'était tellement silencieux, on n'entendait que la voix de l'Imam. Et après, la prière en commun, c'était comme si on était tous une grande famille," s'enthousiasma Amir.

– "C'est une belle façon de le voir, Amir. Et après la prière, tu as rencontré l'Imam, n'est-ce pas ?" interrogea Amina, curieuse de chaque détail.

– "Oui ! J'ai attendu que la foule diminue, puis je suis allé le saluer. Il m'a dit 'TabarakAllah', ce qui signifie qu'il est content de me voir pratiquer ma foi. C'était un moment spécial," dit Amir, un sourire radieux sur le visage.

– "En sortant, c'était comme une grande célébration. Tout le monde parlait et souriait. Certains sont retournés à leurs voitures, d'autres, ont préféré rentrer à pied pour profiter du beau temps," ajouta Amir, partageant son propre ressenti.

– "Ça sonne comme une expérience incroyable, Amir. J'espère pouvoir y aller avec vous la prochaine fois," dit Amina.

– "Bien sûr, Amina ! La prochaine fois, nous irons tous ensemble, n'est-ce pas, maman ?" demanda Amir, se tournant vers Fatima.

– "Absolument, mon chéri. Ce sera une belle occasion pour nous tous de partager ce moment," répondit Fatima, les yeux brillants d'amour pour sa famille.

La conversation se poursuivit, remplie d'enseignements, de rires et de projets pour l'avenir. Ce moment partagé en famille n'était pas seulement un échange sur leurs expériences à la mosquée, mais aussi un temps pour se rapprocher et renforcer leur foi ensemble. Dans la chaleur de leur foyer, avec le soleil illuminant doucement la pièce, ils se sentaient tous bénis et reconnaissants pour ces moments de partage.

Parole de l'Imam pendant la khoutba du Vendredi

"Suivant : Nouvelle histoire !"

Histoire 6 : Un Voyage à travers des Termes Islamiques

Le réveil sonna, dispersant le silence de l'aube naissante. Dans la maison d'Ahmed, c'était une habitude de se coucher tôt la nuit et de se lever tous ensemble à l'aube pour accomplir leur prière et tranquillement pour la nouvelle journée. Amina et Amir se préparaient dans leur grande chambre commune, prenant leur temps pour se préparer et se préparer. Quand vint l'heure du petit-déjeuner, ils rejoignirent leurs parents à la table, apportant avec eux l'énergie paisible de l'aube qui marquait le début de leurs journées.

– "Assalam aleykoum, maman, papa," dit Amina, remplissant la pièce de la chaleur de sa salutation.

– "Wa Aleykoum Assalam, les enfants," répondirent ses parents en harmonie, tandis qu'Amir répéta, encore un peu somnolent, "Assalam Aleykoum."

Amir, l'esprit soudainement curieux, inclina la tête vers son père :

– "Abbi, pourquoi on dit 'Assalam Aleykom' ? Ça veut dire quoi exactement ?"

– "Amir, 'Assalam Aleykom' est notre façon de dire bonjour en Islam, mais c'est bien plus que cela. Cela signifie 'Que la paix soit sur vous'. En disant cela, nous souhaitons la paix et les bénédictions d'Allah (swt) sur l'autre personne. C'est une manière de montrer que nous venons en paix et avec de bonnes intentions," expliqua Ahmed, toujours prêt à partager la sagesse de l'Islam avec ses enfants.

Le petit-déjeuner prêt, Amina, se rappelant les enseignements qu'elle a prix, se tourna vers Amir.

– "Amir, tu te souviens, avant de manger, on doit dire 'Bismillah', manger de ce qui est devant nous, et utiliser notre main droite. Et à la fin, on dit 'Alhamdoulillah'. C'est bien ça, Abbi ?"

– "Exactement, Amina. Tu as parfaitement raison. Dire 'Bismillah' au début nous rappelle que chaque bénéfice vient d'Allah (swt), et cela bénit notre nourriture. Utiliser la main droite suit la Sunna du Prophète Mohammed (sws), et finir par 'Alhamdulillah' montre notre gratitude envers Allah (swt) pour ses nombreuses bénédictions."

– "Bismillah," dirent-ils tous en chœur, avant de commencer à manger, suivant les conseils avisés d'Amina.

Peu de temps après, Ahmed se tourna vers Amir avec une demande.

– "Amir, pourrais-tu me passer un morceau de pain, s'il te plaît ?"

Avec empressement, Amir saisit un morceau de pain, mais, sans y penser, il tendit sa main gauche vers son père. Ahmed, remarquant cela, refusa doucement de prendre le pain, un sourire éducatif sur les lèvres, signalant à son fils qu'il y avait une erreur dans son geste. Confus, Amir le regarda, ne comprenant pas immédiatement la leçon.

– "Amir, tu dois donner avec ta main droite, pas la gauche," intervint Amina.

Comprenant son erreur, Amir changea rapidement le morceau de pain de main, le passant à sa main droite avant de le tendre de nouveau à son père. Ahmed accepta le pain avec un sourire.

– "Bravo, mes enfants ! Toujours tenir ou donner quelque chose avec la main droite, exactement comme pour la salutation. Vous avez bien retenu la leçon."

Après ce petit-déjeuner nourri de gratitude et de spiritualité, les enfants, le cœur léger et l'esprit apaisé, partirent à l'école. La matinée passa vite, rythmée par les leçons et les jeux.

L'après-midi, Amina rentra de l'école avec des nouvelles excitantes.

– "Regardez, j'ai eu la meilleure note !" s'écria-t-elle.

– "Wow," s'exclama Amir, impressionné.

– "Masha'Allah," corrigea doucement Fatima.

– "Tabarak'Allah," ajouta Ahmed avec un hochement de tête.

Voyant la confusion sur le visage d'Amir, Fatima prit le temps d'expliquer.

– "Amir, dire Masha'Allah quand on voit quelque chose d'admirable ou de bon est une manière de reconnaître que toute réussite vient de la volonté d'Allah (swt). Cela nous aide aussi à protéger les bénédictions d'Allah (swt) contre l'envie. Tabarak'Allah est une autre façon d'exprimer notre admiration."

– "D'accord Oummi, mais moi aussi, j'ai eu la meilleure note !" déclara Amir, emporté par l'enthousiasme. Malheureusement, la réalité était différente.

– "Amir, tu devrais dire 'Astaghfiroullah', car tu as embelli la vérité. 'Astaghfiroullah' signifie 'Je demande pardon à Allah (swt)'. Il est important d'être honnête," conseilla Ahmed, d'un ton doux mais ferme.

– "Mais, pourquoi je dis, 'Astaghfiroullah' ?"

– "Quand nous disons quelque chose de faux, cela s'appelle mentir, demander pardon à Allah (swt) nous aide à nous purifier et à nous rappeler de toujours chercher la vérité et la droiture," expliqua Ahmed, guidant son fils vers une meilleure compréhension de ses actes.

La journée se poursuivit, remplie de moments d'apprentissage et de partage familial autour des valeurs et vocabulaires islamiques. Après le dîner, la famille passa un peu de temps ensemble à discuter et à partager des histoires, renforçant leur lien et approfondissant leur compréhension de l'Islam. Les enseignements du jour résonnaient encore dans l'esprit d'Amir et d'Amina, enrichissant leur cœur et leur âme.

– "Aujourd'hui a été une belle journée, pleine d'enseignements et de moments partagés," dit Fatima, guidant les enfants vers leurs chambres.

– "Oui, chaque jour est une bénédiction et une opportunité d'apprendre quelque chose de nouveau," ajouta Ahmed, en éteignant les lumières du salon.

Amina et Amir, bien que fatigués, se sentaient satisfaits et heureux des leçons apprises. Ils s'endormirent rapidement, le cœur et l'esprit apaisés par la tranquillité de la fin de journée. La maison était calme, chaque membre de la famille se reposant après une journée riche en apprentissages et en moments de partage. C'était une journée ordinaire, mais pour la famille d'Ahmed, chaque jour était une occasion de célébrer leur foi et de renforcer leurs liens familiaux.

"Après : Autre récit !"

Histoire 7 : L'année de l'Éléphant

Dans l'ambiance chaleureuse du salon de la famille d'Ahmed et Fatima, une discussion légère et éducative prit place entre Ahmed et ses enfants, Amina et Amir, un soir ordinaire qui devint vite extraordinaire.

Ahmed, avec un sourire malicieux, se lança dans un jeu de devinettes pour tester les connaissances de ses enfants :

– "Amir, sais-tu en quelle année tu es né ?" demanda-t-il d'abord, regardant son fils avec amusement.

– "Facile, Abbi ! J'ai 7 ans," répondit Amir avec assurance, gonflant fièrement son torse. Son ton indique clairement qu'il trouve la question un peu trop simple pour lui.

– "Mais non, Amir, ça c'est ton âge, ce n'est pas l'année de ta naissance ! dit Amina en souriant.

Riant doucement de la réponse d'Amir, Ahmed se tourna vers Amina:

– "Et toi, Amina, rappelle-moi l'année de ta naissance ?" Amina, un peu plus âgée et confiante, répondit sans hésiter.

Satisfait de sa réponse, Ahmed décida de pimenter un peu le jeu.

– "Très bien, maintenant, pouvez-vous me dire en quelle année notre Prophète Mohammed (sws) est né ?" lança-t-il, sachant que cette question est un peu plus difficile.

Amina et Amir se regardèrent, perplexes. Le silence s'installa, aucun des deux n'ayant la réponse. C'est alors que Fatima intervint avec un indice intrigant.

– "C'était l'année de l'Éléphant."

L'expression "l'année de l'Éléphant" déclencha instantanément un éclat de rire chez les enfants.

– "L'année de l'Éléphant ? C'est une blague, maman ?" demanda Amir, les yeux écarquillés.

– "Comment peut-on nommer une année d'après un éléphant ? Ça sonne tellement drôle !" ajouta Amina, se joignant au rire, tout en regardant sa mère.

Ahmed, voyant l'opportunité parfaite pour une leçon d'histoire, s'empressa de confirmer la réponse intrigante de Fatima sans toutefois révéler les détails.

– "Oui, c'est exactement ça, l'année de l'Éléphant," dit-il, un sourire en coin, laissant Amina et Amir pendus à ses lèvres, leur curiosité piquée au vif.

Les enfants, leur rire se transformant en expressions de confusion et de curiosité, se tournèrent vers leur mère.

– "L'année de l'Éléphant ? Mais Oummi, qu'est-ce que cela signifie ?" demanda Amir, son imagination déjà en ébullition.

– "Oui, maman, tu dois nous raconter cette histoire ! Comment une année peut-elle être nommée d'après un éléphant ?" ajouta Amina, tout aussi perplexe.

Fatima, captivant l'attention totale de ses enfants avec cette préface mystérieuse, leur promit une histoire au coucher.

– "Bien sûr, mes chers. Ce soir, je vous raconterai tout sur l'année de l'Éléphant et comment cet événement extraordinaire montre la puissance et la protection d'Allah (swt)," dit-elle, un sourire chaleureux illuminant son visage.

Les enfants, maintenant impatients et pleins de questions sur cette histoire mystérieuse, attendirent avec impatience le moment du coucher. La promesse de découvrir le récit de l'année de l'Éléphant et de comprendre sa signification les remplit d'une anticipation joyeuse.

Plus tard, lorsque la nuit enveloppa doucement la maison, Fatima se prépara à raconter l'histoire emblématique à Amina et Amir, qui sont déjà blottis dans leurs lits, prêts à voyager dans le temps grâce aux paroles de leur mère.

– "Mes chers curieux ! Avant la naissance de notre Prophète Mohammed (sws), les tribus arabes avaient une manière unique de nommer les années. Ils ne comptaient pas les années comme nous le faisons aujourd'hui. À la place, ils les nommaient d'après les événements les plus marquants qui se produisaient," expliqua Fatima, captivant l'attention de Amina et Amir.

– "Par exemple," continua Fatima. "Si une année était marquée par un événement important comme la réparation de la Kaaba, ils commenceraient à compter à partir de cet événement. Ils diraient 'un an après la réparation de la Kaaba', 'deux ans après la réparation de la Kaaba', et ainsi de suite."

–"C'est intéressant, mama, mais qu'est-ce que c'est l'année de l'Éléphant ?" demanda Amina, toujours curieuse.

Fatima sourit, ravie de l'intérêt de sa fille.

– "Tu verras, ma chérie. Tout commence avec un roi arrogant du Yemen nommé Abraha. Il a construit un lieu de culte pour sa croyance, il n'était pas de bon foi, il construit un grand lieu, espérant attirer les pèlerinages des Arabes loin de la Kaaba vers son édifice. Ce lieu de culte était une merveille architecturale, conçue pour surpasser en beauté la Kaaba à La Mecque." dit Fatima.

– "Mais pourquoi voulait-il changer le pèlerinage ?" demanda Amir, fronçant les sourcils.

– "Abraha était animé par la fierté et le désir de contrôle. Il pensait que son nouveau lieu deviendrait le centre spirituel des Arabes, réduisant ainsi l'importance de la Kaaba. Mais son plan a profondément offensé les Qurayshites et les autres tribus arabes, qui voyaient la Kaaba non seulement comme un centre de pèlerinage mais comme un lieu sacré établi par le prophète Ibrahim (psl) et son fils Ismaïl (psl)," expliqua Fatima, captivant ses enfants avec chaque détail.

– "C'est méchant de sa part," dit Amir, comprenant la gravité des actions d'Abraha.

– ""Oui, c'était un acte d'arrogance. Et la tension a atteint son comble lorsque, en signe de protestation, un homme des Quraysh souilla le lieu d'Abraha. Furieux, Abraha jura de se venger en détruisant la Kaaba. Il prépara une immense armée, y compris un grand éléphant, pour marcher vers La Mecque et accomplir son serment," continua Fatima. "Et Quraysh, si vous ne connaissez pas mes enfants, c'est la tribu arabe qui dirigeait les affaires de la Kaaba à La Mecque. C'est de cette tribu que sortit notre prophète bien-aimé, Mohammed (sws)," continua Fatima,

– "Ils avaient un éléphant ?" s'exclama Amina, étonnée par l'idée d'un tel animal participant à l'expédition.

– "Oui, Amina. Ce qui rendait Abraha particulièrement redoutable et son armée unique, c'était son utilisation des éléphants dans les combats. C'était quelque chose rare et terrifiante pour les arabes, et c'est pourquoi cette année particulière a été nommée l'année de l'Éléphant. Mais Abd al-Muttalib, le grand-père du Prophète Mohammed (sws) qui était le leader de Quraysh, est sorti pour rencontrer Abraha. Malgré la menace, il a montré une sagesse inébranlable, convaincu que la protection divine sauverait la Kaaba," dit Fatima, insufflant un sentiment de suspense et de foi dans le cœur de ses enfants.

– "Qu'a fait Abd al-Mouttalib, le grand père de notre prophète   (sws) ?" demanda Amir.

– "Il a prié Allah (swt) pour la protection de la Kaaba. Puis, il a demandé à Abraha de ne pas faire de mal à son troupeau de chameaux. Abraha, surpris, pensait qu'Abd al-Mouttalib défendrait la Kaaba, mais celui-ci a répondu qu'il s'occupe de ses chameaux et que la Kaaba est protégée par Allah (swt)," conclut Fatima, laissant ses enfants sur une note de mystère.

Amina et Amir, absorbés par l'histoire, attendirent avec impatience de savoir comment Allah (swt) protégera Sa maison sacrée.

Fatima reprit l'histoire, voyant l'anticipation dans les yeux de Amina et Amir.

– "Lorsque le jour de la confrontation arriva, Abraha ordonna à son armée, avec l'éléphant massif à sa tête, de détruire la Kaaba. Mais ici intervient le miracle d'Allah (swt)," dit-elle, captivant l'attention des enfants.

– "Un miracle ? Comment ?" demanda Amina, ses yeux brillant d'émerveillement.

– "Eh bien, malgré les tentatives de l'armée pour faire avancer l'éléphant vers la Kaaba, l'énorme bête refusa obstinément de bouger dans cette direction. Chaque fois qu'ils le dirigeaient vers la Maison sacrée, l'éléphant s'asseyait, refusant de faire du mal à la Kaaba," expliqua Fatima.

– "C'est incroyable ! L'éléphant savait qu'il ne devait pas détruire la Kaaba ?" s'exclama Amir, impressionné par l'obéissance de l'animal.

– "Exactement, mon fils. C'était un signe d'Allah (swt). Mais le miracle ne s'est pas arrêté là. Allah (swt) a envoyé des petits oiseaux, portant dans leurs becs et leurs serres des pierres minuscules mais mortelles," continua Fatima, captivant totalement l'attention de ses enfants.

– "Des oiseaux attaquant une armée ?" Amina trouva cela extraordinaire.

– "Oui, Amina. Ces oiseaux ont lancé les pierres sur l'armée d'Abraha avec une précision et puissance miraculeuse. Chaque pierre frappait sa cible, et quiconque était touché par l'une d'elles était voué à la destruction. L'armée d'Abraha fut anéantie," raconta Fatima, décrivant la scène avec émotion.

– "Et Abraha ?" demanda Amir, curieux du sort du roi ambitieux.

– "Abraha lui-même fut gravement blessé et mourut peu après, humilié et vaincu. Son plan de détruire la Kaaba s'était retourné contre lui, prouvant que nul ne peut défier la volonté d'Allah (swt)," répondit Fatima.

– "Wow, Allah (swt) a vraiment protégé la Kaaba," murmura Amina, émerveillée par l'acte.

– "Oui, ma chérie, mais n'oublie pas, dans des situation comme ça, nous disons Soubhan'Allah, on ne dit pas 'wow'! Cet événement est un puissant rappel de la protection d'Allah (swt) pour ce qui est sacré. Les Quraysh et d'autres tribus arabes ont été témoins de ce miracle, renforçant leur foi en la sacralité de la Kaaba. Et c'est dans cette année que notre Prophète Mohammed (sws) est né," conclut Fatima, liant l'histoire à l'aube d'une nouvelle ère pour l'humanité.

Les yeux des enfants s'écarquillèrent, une lueur d'émerveillement dans leur regard.

– "Alors, c'est ça, l'année de l'Éléphant..." murmura Amina, impressionnée par la profondeur de l'histoire.

Fatima sourit, ajoutant une couche supplémentaire à leur étonnement.

– "Et savez-vous, mes enfants, que le jour de la naissance de notre Prophète Mohammed (sws) était également un lundi ? Oui, un lundi de l'année de l'Éléphant. Amir, tu te rappelles comme tu dis toujours ne pas aimer les lundis ?"

Amir hocha la tête, une moue boudeuse se dessinant brièvement sur son visage avant de disparaître sous l'effet de la révélation.

– "Je n'aime pas les lundis... Mais c'était un lundi, le jour de la naissance de notre Prophète (sws) ?"

– "Exactement," répondit doucement Fatima. "Le jour que tu n'aimes pas a été choisi pour nous apporter le plus grand des cadeaux. C'est un rappel que chaque jour peut porter en lui une bénédiction, même ceux qu'on aime le moins."

Un silence révérencieux s'installa, puis les enfants échangent des regards complices.

– "J'aime les lundis maintenant," déclara Amir avec un sourire radieux.

Et Amina acquiesça vigoureusement.

– "Nous aimons les lundis, maman."

Fatima les regarde avec tendresse et fierté.

– "Bravo, les enfants. Il faut aimer le lundi et se réveiller toujours pour l'école en forme."

Amina et Amir, profondément touchés par l'histoire, s'endormirent cette nuit-là avec une nouvelle appréciation de la protection d'Allah (swt). Ils comprenaient désormais mieux la signification de la Kaaba non seulement comme un centre de pèlerinage mais comme un symbole de la foi inébranlable en Allah (swt).

La Maison sacrée : La Kaaba

"Nouvelle aventure, page suivante !"

Histoire 8 : L'enfance du Prophète Mohammed (sws), Partie 1

Le soir, après le dîner, dans l'ambiance tranquille de la maison, Amina se concentrait sur ses devoirs tandis que Amir, débordant d'énergie, jouait non loin de là. Le bruit qu'il faisait commençait sérieusement à déranger Amina.

– "Amir, pourrais-tu jouer un peu plus loin ? J'essaie vraiment de me concentrer ici," demanda Amina, essayant de rester patiente.

– "Mais je veux rester ici ! C'est ennuyeux de jouer tout seul !" répliqua Amir, manifestement frustré par la requête de sa sœur.

Leur mère, Fatima, entendant la montée de la tension, intervint avec douceur pour apaiser les esprits.

– "Mes enfants, que diriez-vous d'arrêter cette petite querelle ? Je vais vous raconter une histoire de coucher, une histoire vraie et impressionnante," proposa-t-elle, captant leur attention.

Amina et Amir, curieux et désireux d'entendre l'histoire, se rapprochèrent de leur mère.

– "Quelle histoire vas-tu nous raconter ?" demanda Amina, la curiosité piquée.

– "Je vais vous parler de l'enfance de notre bien-aimé Prophète Mohammed (sws)," annonça Fatima. "Tenez-vous prêts, mes chers enfants. Amir, tu peux rester ici un peu plus longtemps, mais essaie de jouer de manière à ne pas déranger ta sœur."

Amina, soulagée d'avoir un peu plus de temps pour son devoir, remercia sa mère tandis que Amir acquiesça, comprenant qu'il doit jouer tranquillement.

Fatima quitta la pièce, laissant Amina se concentrer sur son devoir et Amir jouer paisiblement à côté d'elle.

Plus tard, à l'heure du coucher, Fatima se glissa dans la chambre d'Amina et Amir.

– "Mes chers enfants, êtes-vous prêts pour cette histoire de coucher dont je vous ai parlé ?" demanda-t-elle avec un sourire affectueux.

Les enfants s'installèrent confortablement, prêts à écouter.

– "Bismillah. Dans la ville sacrée de La Mecque, peu après la naissance du Prophète (sws), sa mère Amina, conformément aux coutumes de l'époque, se mit en quête d'une nourrice pour lui," débuta Fatima.

– "La maman du Prophète (sws) s'appelait Amina ? Comme toi, Amina !" s'exclama Amir, faisant le lien.

– "Oui, exactement," sourit Amina, ravie de partager son nom avec une personne aussi vénérée.

– "À leur époque, les femmes cherchaient des nourrices bédouines pour que leurs enfants grandissent dans le désert, bénéficiant de la pureté de l'air et apprenant la robustesse de la vie bédouine," poursuivit Fatima, " et parmi les femmes venant chercher des enfants à allaiter, se trouvait Halima Al-Sa'diya, avec son mari Al-Harith."

– "Halima et son mari, leur voyage était-il difficile ?" demanda Amina.

– "Ils traversaient une période de sécheresse sévère, ma chérie. Leur ânesse était faible et Halima ne pouvait même pas nourrir son bébé avec son propre lait, rendant leur voyage vers La Mecque particulièrement ardu," expliqua Fatima.

– "C'est triste," murmura Amina, touchée par les épreuves de Halima et de sa famille.

– "En effet, l'histoire prendra un tournant miraculeux, " sourit Fatima. "Lorsqu'ils sont arrivés à La Mecque, toutes les nourrices hésitaient à prendre le bébé Mohammed (sws). Il était orphelin, et sans père pour récompenser la nourrice, beaucoup pensaient qu'il n'y aurait pas de compensation financière. Et Halima, ne trouvant aucun autre enfant, décida de le prendre avec elle, espérant que cette décision apporterait du bien à sa famille."

– "Et est-ce que ça a apporté du bien ?" interrogea Amir, les yeux grands ouverts.

– "Oh oui, le miracle ne tarda pas. Dès que Halima prit le bébé (le Prophète Mohammed (sws)) dans ses bras pour le ramener chez elle, un bienfait étonnant se manifesta. Alors qu'avant elle ne pouvait pas allaiter faute de nourriture suffisante, sa capacité à nourrir le bébé (le Prophète (sws)) et son propre enfant fut miraculeusement restaurée."

– "C'est incroyable, maman ! Cela souligne à quel point notre Prophète a été béni dès sa naissance et combien les miracles l'ont accompagné," s'exclama Amina, émue par l'histoire.

– "Le voyage de retour à leur demeure fut un autre témoignage de la bénédiction que le bébé (le prophète Mohammed (sws)) avait apportée. Avant même d'atteindre leur maison dans le désert, les signes de bénédiction étaient évidents," dit Fatima.

– "Qu'est-ce qui a changé pour eux, Oummi ?" demanda Amina, absorbée par l'histoire.

– "Tout a changé," répondit Fatima avec un sourire. "Leur chamelle, qui ne produisait pas de lait auparavant, a commencé à en donner abondamment. C'était un soulagement pour toute la famille, car cela signifiait qu'ils pouvaient enfin nourrir leur enfant sans difficulté."

– "Et l'ânesse, elle est devenue rapide pour de vrai ?" ajouta Amir, toujours aussi curieux.

"Oui, Amir. L'ânesse qui les avait transportés lentement vers La Mecque était maintenant pleine d'énergie, surpassant les autres montures sur le chemin du retour. C'était grâce à la présence de notre Prophète (sws)," expliqua Fatima. "Les femmes qui accompagnaient Halima remarquèrent que son ânesse, auparavant la plus faible, était désormais la plus rapide. Elles trouvaient cela inquiétant, suggérant que quelque chose était à l'œuvre."

– "C'est incroyable ! C'est grâce à la présence de notre Prophète que l'ânesse est devenue si rapide," s'exclama Amir, les yeux brillants d'admiration.

– "Et il y a plus," poursuit Fatima. "Une fois de retour chez eux, Halima et sa famille ont constaté que leurs moutons revenaient chaque soir gorgés et bien nourris, leurs pis pleins de lait, malgré la sécheresse qui frappait la région. C'était encore une bénédiction directement liée à la présence du Prophète (sws) dans leur foyer."

– "Les gens ont dû remarquer le changement, non ?"

– "Absolument, Amina," confirma Fatima."Les voisins et les autres bergers étaient stupéfaits. Tandis que leurs propres troupeaux revenaient affamés, ceux de Halima et son mari Al-Harith étaient dans un état de satiété et de prospérité. Certains leur demandaient même où ils faisaient paître leurs moutons, espérant partager leur fortune."

– "Mais le secret, c'était le Prophète béni (sws), n'est-ce pas ?" dit Amina, comprenant la source de ces bénédictions.

– "Exactement, ma chérie. La présence de notre Prophète Mohammed (sws) avait apporté une abondance et des bénédictions sans précédent à la famille de Halima," conclut Fatima avec tendresse.

– "En suite, après deux ans passées, quand il était temps de ramener le bébé (sws) à sa mère, Amina, à La Mecque, Halima était si attachée à lui et avait vu tant de bien depuis son arrivée, qu'elle demanda à le garder plus longtemps," dit Fatima. "Et, grâce à sa bonté et à son amour, le Prophète (sws) resta avec elle jusqu'à l'âge de quatre ans, le moment pour lui de retourner auprès de sa famille."

– "C'est une histoire magnifique, maman. Elle montre combien notre Prophète (sws) était entouré de bénédictions," murmura Amir, pensif.

– "Maintenant, il est temps de dormir. Gardez cette histoire dans votre cœur et souvenez-vous toujours de l'importance de l'accueil, de la foi et de la bonté,"

Amina et Amir s'endormirent, le cœur et l'esprit remplis des enseignements précieux et inspirants de la vie du Prophète (sws), promettant de vivre selon ces valeurs et de partager la lumière et les bénédictions dans leur propre vie, tout comme le Prophète Mohammed (sws) l'avait fait dans la sienne.

"Prochain récit !"

Le soir suivant, après un dîner paisible, Amina et Amir, encore imprégnés des récits inspirants sur l'enfance du Prophète Mohammed (sws) partagés par leur mère la veille, étaient impatients d'entendre la suite. Fatima se prépara à leur raconter une autre histoire remarquable de l'enfance du Prophète (sws)

— "Les enfants, vous souvenez-vous de ce que je vous ai raconté hier soir ?" commença Fatima, un sourire doux éclairant son visage.

— "Oui, Oummi ! Tu nous as parlé de comment le Prophète (sws) a grandi avec Halima dans le désert et de toutes les bénédictions qu'il a apportées," répondit Amina avec enthousiasme.

— "Et je veux savoir ce qui s'est passé ensuite !" dit Amir.

— "D'accord ! Notre bien-aimé Prophète Mohammed (sws), quand il était encore un garçon vivant dans le désert avec Halima, sa mère par allaitement, a vécu une journée extraordinaire." Fatima, prenant une pause, regarda ses enfants avec tendresse, captivant leur attention avant de continuer.

– "Un jour, pendant qu'il était entrain de jouer avec les enfants. Deux hommes vêtus de blanc, portant avec eux un bassin d'or rempli de l'eau et de neige, sont venus à sa rencontre. Ces hommes n'étaient pas ordinaires, ils étaient deux anges envoyés par Allah (swt) pour accomplir une tâche très spéciale," poursuivit Fatima, encouragée par leur enthousiasme.

– "Qu'ont-ils fait, maman ?" demanda Amir.

– "Par un miracle, ils ont purifié le cœur du Prophète (sws) de toute impureté. En utilisant de l'eau et de la neige, ils ont lavé son cœur, le remplissant uniquement de miséricorde et de bonté, par la grâce d'Allah (swt)," expliqua Fatima.

– "C'est incroyable !" s'exclama Amina, "et après ?"

– "Après avoir purifié son cœur, ces anges ont fait quelque chose de très spécial pour montrer à quel point notre Prophète (sws) était unique. Ils ont comparé sa pureté et sa valeur à celle de dix personnes, puis de cent, voire mille membres de sa future communauté. À chaque fois, la pureté et la valeur de notre Prophète (sws) surpassaient celle de tous les autres."

– "Notre Prophète (sws) était vraiment spécial," dit Amir.

– "Oui, mon cher. Voyant ces deux figures étranges, les autres enfants, ont été effrayés et ont couru vers Halima, criant que deux hommes faisaient du mal à l'enfant Mohammed (le prophète) (sws). Halima, inquiète, est rapidement venue voir ce qui se passait," continua Fatima.

– "C'est vrai. Après cet événement, Halima, ressentant une grande peur pour la sécurité de l'enfant Mohammed (sws), a décidé qu'il était temps de le ramener à sa mère, Amina, à La Mecque. Elle craignait que quelque chose de plus grave ne puisse arriver à l'enfant si spécial qu'elle avait sous sa garde," ajouta Fatima, préparant les enfants à la suite de l'histoire.

Fatima, voyant ses enfants pendus à ses lèvres, prêts à raconter la suite, reprit son récit sur la vie du prophète (sws) pendant son jeune âge.

– "Lorsque Halima et son mari ont expliqué à Amina (la mère du prophète (sws)), ce qui s'était passé dans le désert, la réaction de la mère du prophète (sws) a été empreinte de calme profond," dit Fatima, captivant l'attention des enfants.

– "Qu'a dit Amina ?" demanda Amina, partageant le nom de la mère du Prophète (sws).

– "Amina a confié qu'elle savait depuis toujours que son fils était destiné à une grande mission. Elle leur a raconté qu'au moment de sa grossesse, elle n'avait ressenti aucune des difficultés habituelles et avait même vu une lumière émaner d'elle, illuminant les palais lointains. Elle était convaincue que l'événement dans le désert était un signe de la grandeur future de son fils Mohammed (sws) et de sa mission sacrée à venir," expliqua Fatima.

– "C'est comme si elle savait déjà tout ce qui allait arriver !" dit Amir, impressionné.

– "Exactement, Amir. Amina savait depuis toujours que son fils était spécial," répondit Fatima avec douceur. "Rassurée par les paroles d'Amina, Halima a ramené le prophète Mohammed (sws) dans le désert bédouin, où il a continué à grandir sous sa protection aimante. Lorsqu'il atteignit environ cinq ans, Halima décida qu'il était temps de le ramener à sa mère, Amina."

– "Mais Oummi, pourquoi Halima a-t-elle décidé de le ramener finalement ?" Amina semble préoccupée par ce détail.

– "Halima a senti que c'était le moment. Elle a vu les signes de sa grandeur et a su qu'il était temps pour l'enfant Mohammed (sws) de retourner auprès de sa mère, Amina, pour continuer son chemin," expliqua Fatima, ajoutant une nuance de mystère et de à l'histoire.

– "C'est une belle fin," murmura Amir, touché par l'amour et la foi qui entouraient le jeune Prophète (sws).

– "Malheureusement, quand notre prophète Mohammed (sws) n'avait que six ans, il a dû faire face au décès de sa mère, Amina. Cette épreuve douloureuse a touché profondément son cœur sensible, façonnant en lui une compassion et une miséricorde encore plus profondes envers autrui," poursuivit Fatima, touchée de voir ses enfants émus par l'histoire.

Les enfants écoutèrent, le cœur lourd à l'idée du Prophète (sws) endurant une telle perte à un si jeune âge.

– "En suite, son grand-père, Abdoulmuttalib, le prit alors sous son aile, reconnaissant la spécificité de l'enfant Mohammed (sws). Abdoulmuttalib pressentait que son petit-fils était destiné à un futur extraordinaire," conclut Fatima.

– "C'est une histoire incroyable, maman. Notre Prophète (sws) a dû être très spécial pour être aimé et protégé de cette façon, j'aime beaucoup notre prophète (sws)" dit Amina, profondément touchée.

– "Oui, et sa vie continue de nous inspirer tous. Son histoire nous apprend la résilience, la foi et l'importance de prendre soin les uns des autres," Fatima regarda tendrement ses enfants, espérant qu'ils retiendront ces leçons précieuses.

– "Promis, maman, nous ferons de notre mieux pour être bons et respectueux, comme tu nous l'as demandé," s'engagea Amir, Amina hochant la tête en accord.

Fatima, satisfaite de leur promesse, les embrassa tous les deux, leur souhaitant une bonne nuit remplie de rêves inspirés par les enseignements et la vie du Prophète (sws). Amina et Amir, le cœur et l'esprit remplis des histoires de leur mère, s'endormirent avec une nouvelle appréciation de la bonté, de la miséricorde et de paix.

La Maison sacrée : La Kaaba

"Suivant : Nouvelle histoire !"

Histoire 10 : L'enfance du Prophète Mohammed (sws), Partie 3

Le lendemain, alors que la famille se rassemblait de nouveau, les enfants, encore remplis de curiosité et d'émerveillement suite aux histoires de la veille, demandèrent à leur mère de continuer à raconter l'histoire de l'enfance du Prophète Mohammed (sws).

– "D'accord. Écoutez bien," commença Fatima." Notre histoire commence avec Abd al-Mouttalib, le grand père de notre prophète (sws), qui prit soin de lui avec un amour profond et inébranlable. Abd al-Mouttalib, était une figure très respectée à La Mecque. Il était le leader de la tribu de Quraysh,un homme de grande sagesse et de profond respect dans sa communauté. Son amour pour son petit-fils Mohammed (sws) était immense, et il le traitait avec une tendresse et une affection que tous pouvaient voir."

Captivés, Amina et Amir écoutaient attentivement.

– "Il était de coutume pour Abd al-Mouttalib d'avoir un espace réservé à l'ombre de la Kaaba où il s'asseyait, et ses fils s'asseyaient autour de lui jusqu'à ce qu'il en sorte. Personne d'autre n'était autorisé à s'asseoir à cet endroit par respect. Le prophète (sws) venait alors, étant enfant robuste, jusqu'à ce qu'il s'asseye à cet endroit. Ses oncles essayaient de le repousser loin de lui, mais Abd al-Mouttalib, lorsqu'il les voyait faire cela, disait : "Laissez mon fils, par Allah, il a un grand destin.""

– "Et il lui confiait des tâches ?" interrogea Amir.

– "Oui, toujours," répondit Fatima, renforçant l'importance de cette dynamique entre le grand-père et son petit-fils. "Abd al-Mouttalib confiait régulièrement des tâches à son petit-fils Mohammed (sws), même lorsqu'il s'agissait de retrouver des objets perdus. Et incroyablement, il réussissait toujours. Il était béni depuis son plus jeune âge, doté d'une capacité exceptionnelle à accomplir tout ce qu'on lui demandait."

– "C'est comme s'il avait un don spécial pour trouver les choses !" s'exclama Amir, les yeux écarquillés d'admiration.

– "Exactement, Amir. C'est une bénédiction, il y a une histoire bien connue," continua Fatima. "Un jour, un homme parmi les Arabes à leurs époque raconta cette histoire : « Lors d'un pèlerinage à La Mecque, j'ai observé un homme faire le tour de la Kaaba en déclamant des vers. Il disait : 'Seigneur, rends-moi mon cavalier, Mohammed. Ô Seigneur, fais-le revenir et accorde-moi son soutien.' » Interrogé sur son identité, on me répondit : « Ceci est Abd al-Mouttalib ibn Hachim. Il avait envoyé son petit-fils chercher ses chameaux. Jamais il ne l'avait envoyé en mission sans qu'il ne réussisse. Cependant, cette fois, il a tardé à revenir. » Peu de temps après, le jeune Mohammed (sws), est arrivé avec les chameaux. Abd al-Mouttalib l'a alors pris dans ses bras et lui a dit : 'Mon fils, mon inquiétude pour toi a été telle que je n'ai jamais ressenti cela pour quoi que ce soit d'autre. Par Allah, je ne t'envoie plus jamais en mission, et tu ne me quitteras plus jamais après cela.'"

Amina et Amir écoutèrent, émus par l'amour et l'inquiétude d'Abd al-Mouttalib pour le prophète (sws). La profondeur de leur lien transparaît clairement dans cette anecdote.

– "Il trouvait toujours ce qu'il cherchait ?" s'étonna Amir.

– "Toujours." Répondit Fatima avec un sourire. "Et lorsque le jeune Mohammed (sws) est revenu avec les chameaux, Abd al-Mouttalib exprima son soulagement et son amour immense en disant qu'il avait ressenti une profonde tristesse en son absence, une tristesse qu'il ne pouvait simplement pas secouer."

– "C'est si beau," murmura Amina, émue par le lien spécial entre le Prophète (sws) et son grand-père.

– "Après la mort de son grand-père à l'âge de huit ans, le jeune Mohammed (sws) fut laissé à son oncle Abou-Taleb, qui l'a élevé comme l'un de ses propres fils. Cette transition marquait le début d'une nouvelle phase de sa vie, entouré de l'amour et du soutien d'Abu-Taleb," ajouta Fatima, les yeux brillants d'émotion.

– "Notre prophète (sws) a passé beaucoup de défis dans son enfance," dit Amina, la voix pleine de curiosité.

– "Oui, Amina, mais malgré les défis et les épreuves de son enfance, le prophète (sws) a grandi avec une foi et une résilience remarquables. Cela témoigne de sa force de caractère et des signes précoces de sa future mission divine," répondit Fatima, reconnaissant la pertinence de la remarque de sa fille.

Les enfants, captivés par l'histoire, étaient désormais calmes, réfléchissant aux enseignements de cette histoire sur l'amour, la responsabilité et le succès. Fatima, satisfaite de voir l'effet apaisant de son récit.

Une femme faisant douaa à côté du Mont Arafat à La Mecque.

"Prochain récit après !"

Histoire 11 : L'enfance du Prophète Mohammed (sws), Partie 4

Une nouvelle journée débuta par une dispute familière mais animée. Amir et Amina, les deux frères et sœurs au tempérament vif, se disputèrent pour la télécommande, chacun souhaitant regarder son programme préféré. Le salon résonna de leurs échanges passionnés, jusqu'à ce que leur mère, Fatima, intervînt avec la sagesse et la patience qui la caractérisaient.

– "Assez, vous deux ! Vous savez bien qu'il y a d'autres façons de résoudre vos différends," dit Fatima, en essayant de capturer l'attention de ses enfants.

Amina lança un regard boudeur à Amir.

– "Mais maman, c'est toujours Amir qui décide !" protesta Amina, les yeux brillants d'une pointe de frustration.

– "Et Amina veut toujours regarder ses dessins animés. On ne voit jamais ce que je veux !" rétorqua Amir, visiblement agacé.

Fatima sourit, connaissant le cœur tendre de ses enfants malgré leurs querelles occasionnelles.

– "Que diriez-vous d'une récompense ? Si vous mettez de côté cette dispute et trouvez un compromis maintenant, je vous promets de vous raconter ce soir une autre histoire spéciale sur l'enfance de notre Prophète Mohammed (sws), une histoire que vous n'avez jamais entendue," proposa-t-elle, les yeux pétillants d'une promesse alléchante.

Les visages d'Amir et d'Amina s'éclairèrent instantanément, la perspective d'une nouvelle histoire sur l'enfance du Prophète (sws) éveillant leur curiosité et apaisant leur querelle.

– "D'accord, Amina peut choisir aujourd'hui. J'écouterai l'histoire avec toi ce soir," concéda Amir, tendant la télécommande à sa sœur avec un geste de paix.

– "Vraiment ? Oh, merci Amir !" s'exclama Amina, un large sourire illuminant son visage.

Le reste de la journée se passa dans une atmosphère d'anticipation joyeuse.

Après le dîner, alors que les étoiles commencèrent à scintiller dans le ciel nocturne, Fatima rassembla ses enfants autour d'elle dans la chambre.

– "Ce soir, je vais vous raconter une histoire spéciale, une histoire de notre bien-aimé Prophète Mohammed (sws) quand il était jeune, à l'âge de douze ans," commença Fatima.

– "Cette histoire commença lors d'un voyage commercial que le jeune Mohammed (sws) entreprit avec son oncle Abou Talib. Ce n'était pas un simple voyage commercial, c'était un voyage qui allait révéler des signes de sa future mission divine," expliqua Fatima, sa voix douce remplissant la pièce d'une atmosphère captivante.

– "Oummi, pourquoi ce voyage était-il si spécial ?" interrompit Amir, la curiosité l'emportant.

– " Ce voyage fut spécial parce que, pour la première fois, les commerçants de Quraysh allèrent rencontrer quelqu'un qui reconnaîtrait la grandeur du jeune Mohammed (sws). Près d'un monastère, ils firent une halte, où vivait un moine respecté et sage nommé Bahira," continua Fatima.

– "Bahira ? Qui était-il ?" demanda Amina, toujours curieuse.

– "Bahira était un moine qui avait passé sa vie à étudier les anciennes écritures. Il connaissait les signes annonciateurs d'un nouveau prophète et attendait ce moment depuis longtemps," répondit Fatima, encourageant l'imaginaire de ses enfants.

– "Ce jour-là, Bahira vit quelque chose d'extraordinaire. Une nuée suivait le jeune Mohammed (sws), le protégeant du soleil ardent du désert. Ce n'était pas un phénomène ordinaire, mais un signe divin," expliqua-t-elle.

– "Comme un miracle...," murmura Amina, les yeux grands ouverts d'émerveillement.

– "Exactement, Amina. Ce jour-là, Bahira se comporta différemment. Les Qurayshites eux-mêmes le remarquèrent. Ils disaient que Bahira n'était pas comme d'habitude, qu'il semblait attendre quelqu'un ou quelque chose d'important," dit Fatima, laissant ses enfants suspendus à ses lèvres.

–"Et alors, maman ? Que se passa-t-il ensuite ?" demanda Amir, impatient.

– " Durant les années passées, Bahira ne se contentait pas de regarder les caravanes de Quraysh passer à distance. Cette fois, contrairement à son habitude, il fit quelque chose de totalement inattendu," continua Fatima.

– "Qu'a-t-il fait, maman ?" ntervint Amir, toujours curieux.

– "Normalement, Bahira ne prêtait guère attention aux caravanes passant près de son monastère. Mais ce jour-là, il fit préparer un grand repas et invita tous les commerçants de Quraysh, sans exception. Les Qurayshites eux-mêmes étaient étonnés. Ils disaient entre eux que Bahira ne les avait jamais même regardés auparavant, encore moins invités," expliqua Fatima.

– "Pourquoi a-t-il fait ça, maman ?" demanda Amina, les yeux pétillants d'anticipation.

– "Bahira avait reconnu les signes divins autour du jeune Mohammed (sws). La nuée qui le suivait et le protégeait du soleil n'était qu'un des nombreux signes. Il voulait en savoir plus sur ce garçon exceptionnel," dit Fatima, plongeant ses enfants dans la réflexion.

– "Lorsque les Qurayshites arrivèrent au monastère, Bahira les accueillit chaleureusement. Il fut particulièrement attentif, cherchant parmi eux le jeune garçon dont la présence avait éveillé tant de signes. Cependant, le jeune Mohammed (le prophéte sws) était resté en retrait, s'occupant des chameaux. Bahira demanda alors si tous étaient présents. Les Qurayshites, surpris, répondirent que oui, à l'exception du jeune garçon resté avec les animaux. Bahira insista pour qu'on l'appelle, disant qu'aucun ne devait manquer à son invitation," ajouta Fatima, captivant ses enfants avec le récit

– "Ça devait être un grand repas !" s'exclama Amir.

– "Oh, oui, c'était un grand repas préparé avec soin. Lorsque le jeune Mohammed (sws) fut amené, Bahira l'observa attentivement, cherchant les signes qu'il avait étudiés dans les anciennes écritures. Il fut immédiatement frappé par la sérénité et la grâce qui émanaient le jeune garçon (sws). Il engagea la conversation, posant des questions subtiles qui révélaient sa connaissance et sa sagesse bien au-delà de son âge."

– "Qu'a-t-il découvert, Oummi ?" demanda Amina.

– "Il vit le sceau de la prophétie entre les épaules de notre prophète Mohammed (sws), un signe distinctif annonçant qu'il était le prophète tant attendu. Bahira fut convaincu que ce jeune garçon était destiné à devenir un grand messager d'Allah (swt)," révéla Fatima.

– "Après ça, qu'a-t-il fait, mama ?" intervint Amir.

– "Bahira a dit : ' Fils de qui est celui-ci ?' Abou Talib, par réflexe protecteur, répondit d'abord que le jeune Mohammed (sws) était son fils," expliqua Fatima. "Mais Bahira, connaissant les signes des anciennes écritures, dit : 'ce jeune garçon doit être orphelin. Son père ne doit pas être vivant.' " ajouta la maman.

– "Comment Bahira pouvait-il savoir ?" s'exclama Amir, étonné.

– "Bahira avait étudié les signes annonciateurs d'un nouveau prophète pendant des années. Lorsqu'Abou Talib admit finalement que Mohammed (sws) était le fils de son frère, Bahira sut sans l'ombre d'un doute qu'il avait devant lui le futur messager d'Allah (swt). Ensuite, Bahira parla à Abou Talib, l'oncle du prophète (sws). Il lui dit de prendre grand soin de lui, de le protéger des dangers, car de grands destins l'attendaient. Il conseilla à Abou Talib de veiller sur lui avec la plus grande attention et de le ramener à La Mecque en toute sécurité," conclut Fatima.

Après l'histoire fascinante sur l'enfance du prophète, les enfants, impressionnés, s'endormirent paisiblement, rêvant de devenir aussi bons et inspirants. Ils décidèrent de prendre le prophète (sws) comme modèle, la lumière de ses enseignements guidant leurs petits cœurs vers la bonté.

"Suivant : Nouvelle histoire !"

Histoire 12 : La naissance et l'enfance du Prophète Issa (psl)

Dans le salon ensoleillé, Amir était totalement immergé dans son monde de jeux, entouré par une armée de jouets éparpillés autour de lui. Fatima, le regardant avec une affection mêlée d'une pointe de préoccupation, savait qu'il était temps d'introduire un peu de discipline et de responsabilité dans la journée de son fils.

– "Amir, pourrais-tu arrêter de jouer un moment et aider maman à nettoyer ?" demanda-t-elle doucement.

– "Mais maman, je suis en plein sauvetage du monde, je ne peux pas m'arrêter maintenant."

Fatima, armée de patience, essaya une approche différente.

– "Je comprends, mais même les héros doivent apprendre à faire une pause et aider autour d'eux. C'est ce qui fait d'eux de vrais héros, tu ne crois pas ?"

– "Mes héros ne s'arrêtent jamais, maman. Ils doivent toujours être prêts à combattre les méchants."

S'asseyant à côté de lui sur le tapis, Fatima choisit ses mots avec soin, tentant de le motiver.

– "Imagine si tes super-héros devaient aussi ranger après une grande bataille pour garder leur cachette secrète propre et ordonnée. Cela fait partie de leur mission."

Malgré ses efforts, Amir restait focalisé sur ses aventures.

Fatima, comprenant que le moment n'était peut-être pas idéal pour cette leçon.

– "D'accord, continue de jouer, mais souviens-toi, les vrais héros savent quand il est temps de mettre de côté leurs missions pour aider ceux qu'ils aiment."

Amir acquiesça distraitement, plongé dans son jeu, tandis que Fatima, bien qu'un peu déçue, savait que d'autres occasions se présenteraient pour enseigner à Amir l'équilibre entre les responsabilités et le plaisir, espérant que ces leçons s'ancreraient progressivement dans son jeune esprit.

Fatima, réalisant que ses tentatives pour encourager Amir à aider autour de la maison étaient restées vaines. Elle appela doucement Amina, sa fille, qui jouait tranquillement dans sa chambre.

– "Amina, peux-tu venir aider maman à ranger un peu ?" demanda Fatima avec espoir.

– "Bien sûr, Oummi ! J'arrive tout de suite."

Leur tâche accomplie ensemble, Fatima profita de l'occasion pour planter les graines de la responsabilité et du partage des tâches au sein de la famille. Plus tard dans la soirée, au moment du coucher, Fatima décida de raconter à Amir et Amina une histoire spéciale.

– "Ce soir, je vais vous raconter l'histoire de la naissance et l'enfance du Prophète Issa (Jésus) (psl)," commença Fatima." C'est une histoire qui montre combien il est important d'être obéissant et d'aider ceux qui nous entourent, même à un très jeune âge."

Amir, un peu plus réceptif, écoutait attentivement.

– "Mes chers enfants, l'histoire de la naissance du Prophète Issa (psl) est un récit plein de miracles et de leçons importantes. Sa mère, la vertueuse Maryam, a été surprise et bénie par l'annonce de sa grossesse, un miracle en soi. Au moment de la naissance de Issa (psl) , sa mère Maryam se trouvait seule, sans soutien ni nourriture, traversant un moment très difficile. Mais alors, un autre miracle se produisit. Guidée par l'ange Jibril (psl) , elle secoua le tronc d'un palmier, d'où tombèrent des dattes fraîches. De l'eau jaillit miraculeusement pour qu'elle puisse boire. L'ange Jibril lui conseilla de manger, de boire, et lui dit de jeûner de parole pendant trois jours, lui assurant de ne pas s'inquiéter."

– " Et après, maman, que s'est-il passé ?" demanda Amina.

– " Alors que la vertueuse Maryam revenait parmi son peuple, tenant le nouveau-né Issa dans ses bras, elle fut accueillie par des regards curieux et des questions silencieuses concernant la paternité de l'enfant. Plutôt que de répondre directement, Maryam, conformément aux instructions qu'elle avait reçues, fit un geste vers son fils, les invitant implicitement à s'adresser à lui pour obtenir des réponses," continua Fatima.

– " Et après, maman ?" demanda Amir.

– "Face à cette suggestion, une interrogation collective émergea, teintée d'incrédulité : 'Comment pourrions-nous parler à un bébé qui est encore au berceau ?' Dans ce contexte d'étonnement généralisé, un événement encore plus extraordinaire se produisit. Le petit Issa (psl), alors dans son berceau, prit la parole. Avec une maturité et une sagesse, il révéla qu'il était envoyé comme prophète, au même titre que tous les autres prophètes avant lui, affirmant son engagement profond envers sa mère," Fatima ajouta, en s'assurant d'attirer l'attention d'Amir, "il a bien précisé qu'il serait toujours obéissant envers sa mère." Elle se tourna vers Amir, les yeux emplis d'une douce attente, "Tu as bien entendu, Amir ?"

– "Moi aussi, je vais devenir obéissant à toi, maman !" dit Amir.

– "Un bébé qui parle !" murmura Amina, impressionné.

– "Exactement. C'était un vrai miracle, Amina. Et tout au long de son enfance, Le Prophète Issa (psl) a été un exemple d'obéissance et de gentillesse, aimé de tous ceux qui le connaissaient. Il était connu pour être un garçon incroyable, toujours prêt à aider et à obéir à sa mère," continua Fatima. "Et vous savez, mes enfants, le Prophète Issa (psl) avait son cousin, le Prophète Yahya (psl), fils du Prophète Zakaria (psl). Ils étaient du même âge. Et le Prophète Yahya était également un exemple d'obéissance et de vertu."

– "Est-ce qu'ils se voyaient souvent, maman ?" demanda Amir, réfléchissant à la relation entre les cousins prophètes.

– "Oui, ils étaient proches, et le Prophète Yahya (psl) , tout comme le Prophète Issa (psl), a grandi en suivant les commandements d'Allah (swt) et en étant un modèle pour les autres. Leur histoire nous montre l'importance d'être obéissants, aimables et de prendre soin de nos familles," expliqua Fatima, espérant que les valeurs véhiculées par ces histoires résonneraient dans le cœur de ses enfants.

– "Merci, Oummi, nous avons vraiment aimé cette histoire," dirent les enfants, reconnaissants.

– "Ce soir, en vous endormant, pensez à ces histoires et à ce que nous pouvons apprendre d'eux, l'obéissance, la gentillesse et l'amour pour nos familles," conclut Fatima, embrassant Amir et Amina.

Alors qu'ils se blottissaient sous leurs couvertures, Amir et Amina réfléchissaient aux leçons apprises, les histoires du Prophète Issa (psl) et de prophète Yahya (psl) remplissant leurs rêves de merveilles et d'inspirations pour devenir meilleurs chaque jour.

"Histoire suivante à la page !"

Histoire 13 : L'Enfance du Prophète Moussa (psl)

Dans la maison, la soirée se déroulait paisiblement après le dîner. Amina, concentrée sur ses devoirs, et Amir, jouant tranquillement cette fois, créaient une atmosphère calme et studieuse. Cependant, la paix fut brièvement interrompue par une question soudaine de Amir.

– "Amina, sais-tu comment le Prophète Moussa est devenu un grand prophète ?" demanda Amir, sa curiosité piquée par une illustration dans un de ses livres.

– "Je connais quelques histoires, mais maman peut mieux nous les raconter," répondit Amina, souriante.

Fatima, entendant la conversation, saisit l'opportunité pour enrichir l'esprit de ses enfants avec les enseignements de l'histoire du Prophète Moussa (que la paix soit sur lui).

– "Voulez-vous que je vous raconte l'histoire du Prophète Moussa depuis le début ? C'est une histoire de foi, de courage et de la puissance de la volonté," proposa Fatima, invitant ses enfants à s'installer confortablement à ses côtés.

Les yeux de Amir et d'Amina brillèrent d'excitation à l'idée d'écouter une histoire avant de se coucher.

– "Bien, écoutons, je vais vous raconter l'histoire de la naissance et de l'enfance du prophète Moussa (psl)," dit Fatima en commençant son récit.

– "Après l'époque du Prophète Youçouf (psl) et ses frères, qui avaient formé une communauté florissante en Égypte, les descendants de cette communauté bénéficiaient d'une vie prospère et harmonieuse avec les Égyptiens. Mais, après plusieurs années, cette paix fut bouleversée par l'arrivée au pouvoir d'un pharaon Égyptien arrogant."

– "Pourquoi était-il arrogant, maman ?" interrogea Amir.

– "Il ne respectait pas cette communauté et les asservit, les forçant à une vie dure et injuste. Un jour, le pharaon fit un rêve qui l'inquiéta profondément. Perturbé, il convoqua ses interprètes pour qu'ils lui expliquent ce rêve."

Amir et Amina, captivés, absorbaient chaque détail.

– "Les interprètes lui dirent que le rêve annonçait la naissance d'un enfant parmi cette communauté, un enfant destiné à renverser le pharaon et à libérer son peuple de l'esclavage."

– "Alors, le pharaon a essayé de stopper cela ?" demanda Ami.

– "Oui, il était déterminé à empêcher cette prophétie de se réaliser, et dans sa peur, il ordonna l'élimination de tous les nouveau-nés mâles de cette communauté. C'est dans ce climat de terreur que naquit Moussa (psl). Sa mère, peu après avoir accueilli son bébé, puis, avoir reçu une révélation d'Allah (swt), elle plaça son fils dans un panier et le mit dans le fleuve du Nil pour le sauver."

– "Elle a dû être très triste de faire ça," dit Amina, l'empathie dans la voix.

– "Elle l'était, mais elle avait foi en Allah (swt) pour protéger son enfant. Et par la volonté d'Allah (swt), le panier fut guidé jusqu'à la famille du pharaon. Assia, l'épouse du pharaon, trouva Moussa et, touchée par l'enfant, convainquit le pharaon de l'adopter comme leur fils," raconta Fatima.

– "Le prophète Moussa (psl) a grandi avec le pharaon alors ?" s'exclama Amir, surpris.

– "Exactement. En plus, au palais, le bébé Moussa, refusait de se nourrir auprès de quelconque nourrice."

– "Mais comment a-t-il survécu, maman ?" interrompit Amina, poussée par la curiosité.

– "Ah, c'est là qu'intervint le plan divin," répondit Fatima avec un sourire." La mère du prophète Moussa (psl) avait demandé à sa fille, la sœur de Moussa (psl), de garder un œil sur lui. Voyant le dilemme au palais, la sœur suggéra discrètement leur propre mère comme nourrice, sans que le pharaon ou quiconque au palais ne découvre leur véritable lien de parenté. Ainsi, par la volonté d'Allah (swt), Moussa (psl) fut confié à sa mère pour être allaité, la protégeant et lui permettant de grandir auprès d'elle pendant ses premières années," continua Fatima.

– "C'est incroyable que sa mère ait pu s'occuper de lui, même dans ces circonstances," s'exclama Amir, émerveillé par l'ingéniosité du plan.

– "Oui, c'est un témoignage de la protection d'Allah (swt) pour Ses serviteurs. Moussa (psl) grandit en sécurité, sous l'œil bienveillant d'Assia et avec l'amour de sa vraie mère," dit Fatima.

– "Maman, comment le pharaon n'a-t-il pas reconnu que Moussa était de la communauté qu'il opprimait ?" demanda Amina, cherchant à comprendre la complexité de la situation.

– "Allah (swt) a voilé cette connaissance aux yeux du pharaon. Moussa (psl) fut élevé avec sagesse et compassion. Cela a préparé le prophète Moussa (psl) pour les défis et les missions qu'Allah (swt) avait prévus pour lui," expliqua Fatima.

– "Et Moussa (psl) est devenu un grand prophète après, n'est-ce pas ?" demanda Amir, voulant montrer à sa mère qu'il anticipait l'histoire.

– "Exactement, Amir. La vie du Prophète Moussa (psl) est pleine d'enseignements et de miracles. Il a été choisi par Allah (swt) pour libérer son peuple de l'oppression et leur montrer le chemin de la foi et de la libération," conclut Fatima avec douceur.

Les enfants, profondément touchés par l'histoire du Prophète Moussa (psl), comprennent mieux la puissance de la foi et la manière dont Allah (swt) guide et protège Ses serviteurs à travers toutes les épreuves.

– "Maintenant, il est temps de dormir. Souvenez-vous de l'histoire de l'enfance du prophète Moussa (psl), de sa foi et de la protection d'Allah (swt). Que cela vous inspire dans votre vie," dit Fatima en embrassant Amina et Amir.

– "C'est vraiment une leçon sur la confiance en Allah (swt), peu importe la situation." ajouta Amina, contemplative.

– "Oui, et c'est pourquoi nous devons toujours garder la foi, rester patients et chercher la sagesse dans toutes nos expériences," conclut Fatima, "cette histoire est un rappel puissant que, peu importe les défis auxquels nous sommes confrontés, avec la foi en Allah (swt), nous pouvons surmonter n'importe quel obstacle."

Fatima embrassa ses enfants, les assurant de l'amour et de la protection continus d'Allah (swt), les encourageant à réfléchir à l'histoire de l'enfance du Prophète Moussa (psl) alors qu'ils s'endormaient. Amina et Amir s'endormirent, le cœur et l'esprit pleins de réflexions sur la foi.

"Page suivante : Autre conte !"

Histoire 14 : L'Enfance du Prophète Youçouf (psl)

Une autre belle journée, dans le salon chaleureux de la maison, la famille se rassemblait comme à son habitude après le dîner. Amir, les yeux scintillants d'excitation, prit la parole pour partager quelque chose d'important.

– "Papa, maman, Amina, j'ai fait un rêve la nuit dernière," commença Amir, attirant l'attention de tous.

– "Raconte-nous, Amir." dit Ahmed, encourageant son fils, Amir, doucement.

– "J'ai rêvé que je trouvais quelque chose de très spécial que tout le monde cherchait," dit Amir, un peu hésitant mais clairement ému par son rêve.

– "Et c'était quoi, cette chose ?" demanda Ahmed, piqué de curiosité.

– "C'était un papier important que maman ne trouvait pas depuis des jours. Je l'ai découvert caché dans un livre à la bibliothèque," révéla Amir, un sourire timide sur les lèvres.

– "Vraiment ? C'est incroyable !" s'exclama Amina, partageant l'enthousiasme et la surprise.

– "Oui, c'est vrai," acquiesça Amir, "et quand j'ai trouvé le papier, maman est devenue heureuse parce que son papier avait été retrouvé."

Fatima, souriant à cette révélation, fit une connexion immédiate.

– "Tu sais, Amir, ton rêve me rappelle l'histoire du Prophète Youçouf (psl) quand il était jeune. Lui aussi a fait un rêve très significatif."

Amina et Amir se tournèrent vers leur mère, intrigués.

– "Vraiment ?" demanda Amina, toujours avide d'entendre les histoires de sa mère.

– "Oui. Ce soir, avant de dormir, je vous raconterai l'histoire des premières années du Prophète Youçouf (psl)," promit Fatima.

Plus tard, au coucher, Fatima commença son récit, avec Amina et Amir blottis à ses côtés, écoutant attentivement.

– "Le Prophète Youçouf (psl), dès son jeune âge, se distinguait par sa noblesse et son excellence. Un jour, il fit un rêve où il vit onze étoiles, le soleil et la lune se prosternant devant lui (signe de respect), représentant ses onze frères et ses deux parents."

– "C'est un rêve spécial !" s'exclama Amir.

– "Exactement," répondit Fatima." Le jeune Youçouf (psl) partagea son rêve avec son père, le Prophète Yaakoub (psl), qui était un homme de grande sagesse. Il comprit immédiatement que Youçouf (psl) était destiné à une grande élévation et conseilla à son fils de garder son rêve secret pour éviter la jalousie de ses frères."

– "Les frères du prophète Youçouf (psl) étaient jaloux ?" Demanda Amina, absorbée par l'histoire.

– "Oui, ma chérie. Ils étaient déjà jaloux de l'amour profond que leur père portait à Youçouf (psl) et à son petit frère Binyamin (Benjamin). Leur jalousie les conduisit à comploter contre Youçouf (psl), envisageant d'abord de le faire de mal, puis de l'abandonner loin de chez eux pour gagner toute l'affection de leur père."

– "C'est si triste," murmura Amina.

– "C'est une histoire d'épreuves mais aussi de foi," continua Fatima." Finalement, ils décidèrent de le jeter au fond d'un puits, espérant qu'il serait trouvé et emmené loin."

– "Qu'est-ce qui est arrivé ensuite ?" demanda Amir, accroché à chaque mot.

"Après qu'ils l'eurent ramené loin, puis l'eurent jeté au fond d'un puits profond, ils retournèrent chez eux, prétendant à leur père qu'ils étaient partis faire une course en laissant Youçouf à côté de leurs affaires, mais qu'il avait été dévoré par un loup, présentant sa tunique tachée de faux sang. Mais le Prophète Yaakoub (psl), malgré sa tristesse profonde, garda patience et confiance en Allah (swt), sachant au fond de lui que ses fils lui mentaient."

– "Quelle foi incroyable," dit Amina, impressionnée par la force du Prophète Yaakoub (psl).

– "Oui, et c'est cette foi qui nous enseigne l'importance de la patience et de la confiance en Allah (swt), même face à l'adversité. Cette histoire est une leçon pour nous tous, nous rappelant que derrière chaque épreuve, Allah (swt) prépare un chemin vers la lumière," conclut Fatima.

Après une pause, pendant laquelle Amir et Amina absorbèrent les leçons Fatima reprit le récit, prête à plonger dans les épreuves et l'élévation du Prophète Youçouf (psl).

– "Alors, le petit Youçouf (psl) au fond du puits, se trouva face à une grande épreuve. Mais Allah (swt), dans Sa sagesse infinie, ne l'abandonna pas. Une caravane passa près du puits, et un des voyageurs y descendit sa corde pour puiser de l'eau," Fatima continua, son ton doux captivant l'attention de ses enfants.

– "Ils ont trouvé le petit Youçouf juste en voulant de l'eau ?" demanda Amina, les yeux grands ouverts.

– "Exactement," répondit Fatima avec un sourire." Quand ils découvrirent le jeune Youçouf (psl) au bout de la corde, ils furent surpris et le remontèrent, le considérant comme une trouvaille précieuse. Ils décidèrent de l'emmener avec eux en Égypte, où il fut vendu à l'Aziz d'Égypte."

– "C'est triste qu'il ait été vendu," dit Amir, une pointe de tristesse dans la voix.

– "Cela peut sembler triste, mais c'était une partie du plan d'Allah (swt) pour le prophète Youçouf (psl).

– "Comment Youçouf a-t-il géré ça ? Être loin de sa famille et tout seul ?" demanda Amina.

– "Le jeune Youçouf (psl) fit preuve d'une grande foi et patience, malgré les épreuves, il grandit en sagesse et en grâce," dit Fatima, soulignant la croissance de prophète Youçouf à travers ses épreuves.

– "Et l'Aziz et sa femme, ils étaient gentils avec lui ?" interrogea Amir, curieux de savoir plus sur la vie de Youçouf (psl) en Égypte.

– "Oui, ils le traitèrent bien, surtout au début. Zoulaykha, l'épouse de l'Aziz, s'occupa particulièrement de Youçouf. Mais, comme nous le verrons, chaque épreuve préparait Youçouf (psl) pour des défis plus grands et des victoires plus significatives," répondit Fatima.

– "C'est incroyable comment Allah (swt) avait un plan pour lui, même quand les choses semblaient vraiment mauvaises," remarqua Amina, sa foi renforcée par l'histoire.

– "Exactement, ma chérie. La vie du Prophète Youçouf (psl) nous enseigne que peu importe les difficultés que nous rencontrons, avec la foi en Allah (swt) et la patience, nous pouvons surmonter n'importe quel défi. Allah (swt) est toujours avec nous, guidant nos pas et transformant nos épreuves en triomphes," conclut Fatima, avec une conviction qui réchauffa le cœur de ses enfants.

Fatima, voyant ses enfants sur le point de s'endormir, ajouta doucement une dernière note à l'histoire pour leur rappeler la conclusion triomphante de la vie du Prophète Youçouf (psl).

– "Rappelez-vous, mes enfants, que l'histoire du Prophète Youçouf (psl) ne se termine pas dans les épreuves. Plus tard, après des années d'épreuves, Allah (swt), dans Sa grande sagesse, l'a élevé à une position de grand pouvoir en Égypte. Devenu gouverneur, il fut responsable des greniers à grains, jouant un rôle crucial pendant les années de famine," expliqua-t-elle avec douceur.

Avec ces mots, Fatima embrassa ses enfants, les laissant avec la pensée apaisante que, dans la vie, peu importe les difficultés, la foi, la patience et l'honnêteté triomphent toujours. Amina et Amir s'endormirent, le cœur plein de l'histoire inspirante du Prophète Youçouf (psl), rêvant de devenir aussi résilients et magnanimes face aux épreuves de la vie.

"Prochaine page, autre récit !"

Après un dîner familial empreint de sérénité, alors que la douce atmosphère du foyer enveloppait chacun, Fatima prit la parole avec une douceur réfléchie.

– "As-tu pensé à appeler ton cousin Ali ?" demanda-t-elle, instillant curiosité et attention. "Il vient juste d'accueillir un nouveau-né, un petit garçon prénommé Ismaël, en honneur au prophète Ismaël (psl)," ajouta-t-elle avec enthousiasme.

– "C'est vrai ? Tabarak-Allah ! Je lui passerai un coup de fil demain pour le féliciter. Nous devrions également leur rendre visite bientôt, pour partager leur bonheur de près," dit Ahmed, enthousiaste à l'idée de partager leur bonheur.

La conversation prit alors un tournant inattendu lorsque Amir, curieux, s'adressa à sa mère.

– "S'il te plaît, maman, peux-tu nous raconter l'histoire du prophète Ismaël ?" demanda-il, ses yeux pétillant d'une curiosité fervente.

– "Bien sûr, Amir. Ce soir, avant de dormir, je vous raconterai son histoire," promit Fatima avec douceur.

Quand le moment du coucher venu, fidèle à sa promesse, Fatima se lança dans le récit captivant du prophète Ismaël. Les yeux de ses enfants, emplis d'émerveillement, ne la quittaient pas, suspendus à ses lèvres tandis qu'elle déroulait le fil de cette histoire ancestrale.

– "Aujourd'hui, mes enfants, je vais vous parler d'une histoire remarquable, celle de l'enfance du Prophète Ismaël (psl), fils du Prophète Ibrahim (psl)," commença Fatima.

– "Maman, c'est une histoire avec des miracles, n'est-ce pas ?" interrompit Amir, les yeux écarquillés d'étonnement.

– "Exactement, Amir," répondit Fatima avec un sourire. "Il y a bien longtemps, le Prophète Ibrahim (psl), obéissant aux commandements d'Allah (swt), a conduit sa femme Hajar et leur bébé Ismaël dans un lieu qui, à cette époque, n'était qu'un vaste désert. Imaginez un endroit dépourvu de maisons, sans eau, sans rien... Seulement des montagnes et des étendues de sable à l'infini." Elle continua, "Là, le Prophète Ibrahim (psl) a laissé Hajar et Ismaël avec seulement un peu d'eau et quelques dattes, puis il est parti. S'éloignant un peu d'eux, il s'arrêta et fit douaa pour eux, implorant Allah (swt) de leur accorder compagnie, soutien et bénédictions. Après avoir invoqué ces demandes pour leur bien-être, il continua son chemin."

– "Ça doit être effrayant d'être seul dans le désert," murmura Amir, plongé dans ses réflexions sur cette situation difficile.

– "Oui, mais Hajar était une femme forte et pleine de foi. Elle a accepté son destin avec courage," poursuivit Fatima. "Cependant, quand l'eau et les dattes ont été consommées, Hajar a couru entre deux collines, Safa et Marwa, cherchant désespérément de l'eau pour son fils assoiffé."

– "Elle a trouvé de l'eau, maman ?" demanda Amina, les yeux écarquillés d'espoir.

– "Au début, elle n'a trouvé que le désert," expliqua Fatima. "Mais soudain, près de son enfant Ismaël, par la grâce d'Allah (swt), l'ange Jibril, effleurant le sol de son aile, a miraculeusement fait surgir une source d'eau. Et voilà que c'était l'eau de Zamzam. Hajar, avec agilité, a amassé le sable pour former un bassin autour de cette précieuse source, afin de la préserver," raconta Fatima, son visage baigné d'une douce lueur de contentement.

– "Est-ce que Hajar a vu l'ange Jibril, maman ?" demanda Amir, curieux.

– "Non Amir, Hajar ne l'a pas vu directement, mais elle a entendu sa voix. L'ange Jibril (psl) lui a dit de ne pas avoir peur et que cet endroit était béni, que c'était ici que la Kaaba serait construite par cet enfant et son père. C'est un lieu béni," expliqua Fatima.

– "Waw, quel soulagement, Alhamdoulillah," s'exclama Amir.

– "En effet," rit Fatima. "Et cette eau, l'eau de Zamzam est toujours là, à La Mecque, accessible à des millions de pèlerins chaque année. C'est le miracle de Zamzam, un signe de la miséricorde d'Allah (swt) et de son soutien pour ceux qui Lui font confiance."

Fatima, captivant l'attention de Amina et Amir, continuait à raconter l'histoire, remplie de foi et de prodiges.

– "Après que l'eau de Zamzam a jailli miraculeusement, les gens d'une tribu arabe s'appelait la tribu de Jourhum, pas très loin de La Mecque, ont été surpris de voir des oiseaux voler au-dessus de ce lieu. Ils savaient que d'habitude, il n'y avait pas d'eau par là, donc voir des oiseaux était vraiment exceptionnel."

– "Et après, ils ont fait quoi, maman ?" demanda Amir, sa curiosité piquée.

– "Ils savent que quand les oiseaux se rassemblent comme ça, c'est qu'il y a de l'eau à proximité," fit Fatima avec douceur. "Alors, ils ont envoyé quelqu'un voir, et il a découvert Hajar et son fils Ismaël près de la source de Zamzam. Quand les gens de Jourhum ont demandé s'ils pouvaient venir vivre là aussi, Hajar a accepté. Elle leur a dit qu'ils pouvaient utiliser l'eau sans problème, mais elle a bien précisé que la propriété de l'eau resterait à elle et à son fils."

Fatima prit une courte pause, observant ses enfants écoutant attentivement, captivés par le récit, puis continua.

– "La tribu de Jourhum décida alors de s'établir à côté de Hajar et Ismaël, et avec le temps, un petit village commença à se former autour de la source de Zamzam. La vie dans la vallée prospéra, et le lieu devint un point de rencontre pour les gens de diverses régions."

– "Et le prophète Ibrahim, il est revenu voir Hajar et Ismaël, ou il les a laissés tout seuls pour toujours ?" demanda Amir.

– "Le Prophète Ibrahim (psl) rendit visite à Hajar et à Ismaël plusieurs fois, constatant à chaque visite comment la communauté autour de la source de Zamzam s'épanouissait et grandissait, grâce à l'eau bénie qui avait jailli pour sauver la vie de son fils et de sa mère. C'est ainsi que la ville de La Mecque s'est construite peu à peu, devenant un centre spirituel et un lieu de rassemblement pour des personnes venant de partout."

– "Et Ismaël, comment était-il quand il était petit ?" demanda Amina, posant une autre question.

– "Le garçon Ismaël était exceptionnel, obéissant à sa mère Hajar et respectueux envers son père, le Prophète Ibrahim (psl). Il a grandi parmi les membres de la tribu de Jourhum, apprenant rapidement la langue arabe et s'adaptant à leurs traditions. Sa sagesse et son respect pour ses parents l'ont rendu très estimé, non seulement par sa famille mais aussi par ceux qui l'entouraient," continua Fatima, suscitant l'admiration de ses enfants.

– "Et ensuite, qu'est-ce qui s'est passé quand il a grandi ?" demanda Amir, pendu aux lèvres de sa mère.

– "Lorsqu'il est devenu adulte, le prophète Ismaël (psl) a épousé une femme de la tribu de Jourhum et a fondé une famille. Et imaginez, mes chers enfants, c'est de sa lignée que, beaucoup, beaucoup de siècles plus tard, après de nombreuses générations, notre cher Prophète Mohammed (sws) est né à la Mecque," termina Fatima, sa voix teintée de fierté et de reconnaissance envers Allah (swt).

Alors que Fatima finissait son histoire, la chambre devenait de plus en plus calme. Amina et Amir, écoutant la douce voix de leur mère, ne pouvaient pas résister à la fatigue qui les gagnait. Peu à peu, ils se sont endormis, souriants, avec l'histoire encore dans leurs pensées. Leur sommeil était paisible, comme si les aventures qu'ils venaient d'entendre veillaient sur eux. Sous la lumière douce de leur chambre, ils ont rêvé de déserts lointains et de sources miraculeuses, endormis avec des rêves pleins de paix et de merveilles.

"Récit suivant, page suivante !"

Histoire 16 : Le Pardon du Prophète Mohammed (sws)

Un après-midi, le calme de la maison était troublé par une tension inhabituelle. Amina était assise seule dans le salon, une moue boudeuse sur le visage. Amir entra, l'air coupable et tenant dans ses mains un petit jouet cassé.

– "Amina... Je suis vraiment désolé pour ta poupée. C'était un accident," dit Amir, les yeux emplis de regrets.

Amina le regarda froidement, son attachement à la poupée rendant son cœur lourd.

– "Je ne veux pas te pardonner, Amir ! Tu savais que c'était ma poupée préférée," répliqua-t-elle, à peine contenant sa colère.

C'est à ce moment-là que leur père Ahmed entra, captant la gravité de la situation.

– "Quel est le problème ici ?" demanda-t-il calmement.

– "Amir a cassé ma poupée et je... je ne veux pas lui pardonner !" dit Amina, les larmes aux yeux.

Ahmed s'assit à côté d'eux, son expression sérieuse mais bienveillante.

– "Je comprends que tu sois blessée, Amina. Mais ne pas pardonner garde ton cœur lourd et empêche la guérison. Laissez-moi vous raconter une histoire sur le pardon," proposa Ahmed, espérant ouvrir leurs cœurs à la compréhension.

Les enfants se tournèrent vers leur père, prêts à écouter.

– "Préparez-vous à découvrir l'histoire d'une période marquante de l'Islam, connue sous le nom de 'l'année de la tristesse'," commença-t-il avec douceur. "Durant cette année-là, notre Prophète Mohammed (sws) a fait face à la perte de deux piliers de sa vie, sa femme Khadija, et son oncle Abou-Talib. Leur soutien lui était indispensable dans les épreuves, et leur départ a profondément affecté son cœur."

–"Cela a dû être vraiment difficile pour notre Prophète (sws). Comment a-t-il fait face à tout cela ?" interrompit Amina, la voix chargée d'émotion.

Ahmed acquiesça, reconnaissant la compassion de sa fille.

– "Malgré son chagrin, notre Prophète (sws) continua de faire face à l'hostilité des Quraysh, qui ne cessait de croître. Cependant, au cœur de cette période de profonde affliction, un événement extraordinaire a eu lieu."

– "Quoi donc, papa ?" demanda Amir, captivé.

– "Le Prophète (sws) a reçu une visite de l'ange Jibril (psl), accompagné de l'ange des montagnes," continua Ahmed. "L'ange des montagnes a proposé de faire tomber les deux montagnes qui entouraient la ville pour détruire les maisons et leurs habitants, en réponse à leur cruauté envers le Prophète (sws) et ses compagnons."

– "Et le Prophète (sws) a-t-il accepté ?" demanda Amina.

– "Non Amina, notre Prophète (sws) a choisi la miséricorde et le pardon, espérant que, de leurs descendants, émergeraient des êtres pieux qui adoreraient Allah (swt) sans rien Lui associer. C'était un choix de clémence, même face à une grande cruauté."

– "C'est impressionnant..." murmura Amir.

– "Peu après cet acte de miséricorde, le Prophète (sws) a été béni par l'Isra et le Mi'raj, le voyage nocturne suivi d'une ascension céleste, qui ont renforcé sa foi et lui ont montré que Allah (swt) était toujours avec lui."

Amina et Amir, profondément touchés par les épreuves et la foi inébranlable de notre Prophète Mohammed (sws), demandèrent à leur père de continuer à raconter l'histoire, désireux d'en savoir plus sur les miracles et les enseignements de cette période exceptionnelle

Continuant son récit, Ahmed partagea avec Amina et Amir l'épisode marquant du Fath Makkah, le retour triomphal de notre Prophète Mohammed (sws) à La Mecque après des années.

– "Mes chers enfants, préparez vous pour la deuxième histoire," commença Ahmed.

– "Nous sommes prêts, Abbi," répondit Amina.

– "Imaginez, après tant d'années de souffrances et d'épreuves, le Prophète (sws) et ses compagnons, désormais beaucoup plus forts et nombreux, se préparaient à entrer dans leur ville natale, La Mecque. Durant cette période, ils avaient acquis une puissance et un soutien si grands que les Quraysh. Leurs ennemis de longue date, acceptèrent de céder la direction de La Mecque au Prophète (sws) sans résistance."

– "Les gens de Quraysh avaient peur ?" demanda Amir.

– "Oui, Amir. Ils savaient qu'ils avaient mal agi envers le Prophète (sws) et ses compagnons. Ils s'attendaient à des représailles pour tout le mal qu'ils avaient infligé," expliqua Ahmed. "Mais ce qui s'est passé ensuite est un exemple étonnant de pardon et de miséricorde."

– "Qu'a fait notre Prophète (sws) ?" s'interrogea Amina.

– "Au lieu de chercher vengeance, notre Prophète (sws) a offert un pardon général à tous les Mecquois, sans exception," révéla Ahmed. "C'était un acte de clémence sans précédent. Beaucoup parmi eux ont été touchés par cette grâce et ont choisi d'embrasser la foi."

– "Wow, c'est extraordinaire !" s'exclama Amir, impressionné par la grandeur de ce pardon.

– "Cet acte de pardon a non seulement ramené la paix à La Mecque, mais il a aussi jeté les fondements d'une communauté unie sous l'islam," continua Ahmed. "Le Fath Makkah n'était pas seulement une victoire, mais aussi la preuve que la miséricorde et la tolérance sont au cœur de notre belle religion, l'islam."

– "C'est une belle leçon sur le pardon," murmura Amina, pensive.

– "Le pardon du Prophète (sws) montre que, même face à l'adversité, choisir la miséricorde peut guérir les plus profondes divisions. C'est une leçon importante pour nous tous, mes enfants, de toujours chercher à pardonner et à unir, plutôt que de diviser."

Après avoir écouté attentivement l'histoire de pardon racontée par leur père, inspirée des enseignements du Prophète Mohammed (sws), Amina sentit son cœur s'adoucir. Elle regarda Amir, qui attendait anxieusement sa réaction.

– "Tu sais, Amir, papa nous a raconté deux belles histoires. Notre Prophète Mohammed (sws) nous a toujours enseigné l'importance du pardon. Je... je te pardonne mon frère," dit Amina, un sourire timide se dessinant sur ses lèvres.

– "Merci beaucoup, Amina ! Je te promets de faire plus attention à l'avenir. Tu es la meilleure sœur du monde," s'exclama Amir, sa joie évidente.

– "Je suis fier de vous deux. Amina, ton cœur est grand de pardonner, et Amir, souviens-toi de l'importance de respecter les affaires des autres. Vous avez tous les deux appris quelque chose de très précieux aujourd'hui," dit Ahmed, enveloppant ses enfants d'un regard chaleureux.

– "On répare la poupée ensemble ?" proposa Amir, désireux de réparer son erreur.

– "Oui, faisons ça," répondit Amina, acceptant sa main.

Les enfants se dirigèrent vers la table de bricolage, prêts à réparer ensemble la poupée cassée, symbolisant leur réconciliation et l'amour renouvelé. Ahmed les suivit, satisfait de voir ses enfants embrasser les valeurs d'amour, de pardon et de compréhension mutuelle.

"Tournez pour un nouveau récit !"

Histoire 17 : Le Pardon du Prophète Youçouf (psl)

Ahmed avait toujours su que rentrer à la maison était synonyme de retrouver un havre de paix. Pourtant, ce jour-là, en rentrant à la maison, Ahmed fut accueilli par des voix élevées venant du salon. À l'intérieur, il trouva Amina et Amir en pleine dispute, tandis que Fatima, leur mère, tentait en vain de calmer les esprits.

– "Qu'est-ce qui se passe ici ?" demanda Ahmed, posant son sac et s'approchant d'eux avec un air de préoccupation.

– "C'est Amina ! Elle ne me laisse pas jouer à mon jeu préféré !" s'exclama Amir, les bras croisés et l'air frustré.

– "Mais lui, il a cassé le château que j'avais construit avec mes blocs de jouets ! J'y ai passé beaucoup de temps..." rétorqua Amina, les yeux brillants de larmes de frustration.

Voyant la tension entre ses enfants et l'impuissance de Fatima à résoudre le conflit, Ahmed savait qu'il devait intervenir d'une manière qui enseignerait à la fois une leçon et calmerait les esprits.

– "Écoutez tous les deux," commença-t-il calmement, invitant Amina et Amir à s'asseoir à côté de lui sur le canapé. "Je comprends que vous soyez tous les deux en colère et contrariés, mais laissez-moi vous raconter une histoire. Une histoire sur le pardon et la compréhension, le pardon du Prophète Youçouf (psl)."

– "Vous vous souvenez de l'histoire du Prophète Youçouf (psl), que votre maman vous a racontée ?" commença Ahmed, Avec une voix empreinte de gravité. Les enfants hochèrent la tête, intrigués.

– "Après être devenu le gouverneur d'Égypte, le Prophète Youçouf (psl) a fait face à une grande famine. Il avait préparé l'Égypte pour ces années difficiles, stockant de la nourriture pendant les années d'abondance," expliqua Ahmed.

– "Qu'est-ce qui s'est passé ensuite, papa ?" demanda Amina, captivée.

– "Eh bien, la famine a forcé ses frères à venir en Égypte pour chercher de la nourriture. Sans le reconnaître, ils se sont retrouvés face à face avec le prophète Youçouf (psl), le frère qu'ils avaient trahi des années auparavant."

– "C'est incroyable qu'ils ne l'aient pas reconnu !"

– "Oui, c'est vrai Amir." Confirma Ahmed. "Le prophète Youçouf (psl) a reconnu ses frères immédiatement, mais il a choisi de ne pas se révéler."

– "Papa, quand ses frères sont venus le voir sans le reconnaître, il les a punis, non ? Il avait le pouvoir pour ça." demanda Amir.

– "Tu pourrais penser cela, Amir. Mais le prophète Youçouf (psl) a choisi une autre voie, celle du pardon. Même s'il avait tout le pouvoir et toutes les raisons de chercher vengeance, il n'a pas fait du mal à ses frères." Répondit Ahmed en souriant.

– "Même pas un peu, papa ? Après tout ce qu'ils ont fait ?"

– "Non, Amina. Lorsque le prophète Youçouf (psl) s'est révélé à eux, et il a vu leur regret et leur remords. Il leur a dit : 'Aucun blâme sur vous aujourd'hui. Allah (swt) vous pardonnera, Il est le plus Miséricordieux des miséricordieux'," partagea Ahmed ces mots avec émotion, captivant totalement ses enfants.

– "Imaginez cela," continue-t-il. "Le prophète Youçouf (psl) avait chaque raison de les punir, mais il a compris que le vrai pouvoir réside dans le pardon et la miséricorde. En pardonnant à ses frères, il s'est libéré de la colère et du ressentiment."

– "C'est une belle leçon de pardon, papa." Dit Amina.

– "Exactement," répondit Ahmed. "Le prophète Youçouf (psl) a démontré que le pardon libère le cœur de la rancune. Malgré la grande injustice qu'il a subie, il a choisi de pardonner à ses frères, montrant une immense miséricorde."

– "Et leur père ?" demanda Amir.

– "Lorsque les frères sont retournés chez eux avec les nouvelles et le vêtement du prophète Youçouf (psl), leur père Yaacoub (psl) a été submergé par une immense joie. Et ils se sont tous retrouvés en Égypte, ce fut un moment de grande joie," conclut Ahmed.

Les enfants, profondément touchés par l'histoire, comprennent maintenant l'importance du pardon.

– "Je suis désolé pour notre dispute, Amina," dit Amir doucement.

– "Moi aussi, je suis désolée, Amir," répondit Amina, et ils se prennent dans les bras, décidant de pardonner et d'oublier comme le prophète Youçouf (psl) a pardonné à ses frères.

Fatima et Ahmed échangèrent un regard de soulagement et de fierté. Grâce à l'histoire du Prophète Youçouf (psl), leurs enfants avaient appris la valeur du pardon et de la compréhension mutuelle, transformant un moment de dispute en une leçon de vie précieuse.

"À la page suivante : Nouvelle aventure !"

Dans le confort chaleureux de leur salon, Amir était absorbé par les dernières aventures de son super-héros préféré, un personnage doté de la capacité extraordinaire de voler à travers les cieux. Dès que l'épisode se termina, il se tourna vers Amina, les yeux brillants d'admiration.

– "J'adore ce super-héros ! Il peut voler ! C'est incroyable, tu ne trouve ?"

– "Ne t'emballe pas trop, Amir. C'est juste un dessin animé. Ces personnages ne sont pas réels."

– "Je sais bien, Amina. Mais j'aime à imaginer. C'est amusant de penser à ce que ce serait si c'était réel."

Leur échange amical et taquin se poursuivait, remplissant la pièce de rires et de débats ludiques sur la réalité contre la fiction des super-héros, jusqu'à ce que leur père, Ahmed, qui était jusque-là plongé dans sa lecture, leva les yeux de son livre, captivé par la conversation de ses enfants.

– "Mes enfants, que diriez-vous si je vous racontais une véritable histoire, un miracle qui s'est réellement produit ?"

– "C'est vrai, papa ! Oui, oui ! On adorerait !" s'exclamèrent-ils ensemble, se tournant vers leur père.

– "Préparez-vous alors pour l'histoire de Al Israa wa Al Mi'raj de notre prophète Mohammed (sws). Une histoire de voyage miraculeux et de rencontres célestes, bien plus impressionnante que n'importe quel super-héros de dessin animé."

Les yeux des enfants s'illuminèrent d'excitation et d'émerveillement à l'idée d'entendre un récit de la vie réelle surpassant les pouvoirs fantastiques de leurs héros fictifs. Ils se rapprochèrent, prêts à plonger dans le récit de leur père sur l'un des miracles les plus captivants de leur foi.

– "Alors, écoutons bien," commença Ahmed en ajustant ses lunettes. "Cette histoire commence par une nuit très spéciale pour notre Prophète Mohammed (sws). Allah (swt) lui a envoyé Al-Bouraq, une créature incroyable, pour l'emmener dans un voyage qui allait devenir l'un des plus grands miracles de l'Islam."

– "Papa, c'est quoi exactement Al-Bouraq ?" demanda Amir.

– "Mes chers enfants, Al-Bouraq est décrit comme une créature blanche, plus grande qu'un âne mais plus petite qu'une mule. Ce qui est extraordinaire, c'est que Al-Bouraq pouvait poser son sabot à l'extrémité de son regard. Imaginez la vitesse !" expliqua Ahmed, captivant l'imagination de ses enfants.

– "Wow, ça doit être super rapide !" s'exclama Amina, ses yeux brillants d'émerveillement.

– "Exactement, ma chérie. Le Prophète (sws) a été emmené à la mosquée Al-Aqsa. Là, il a attaché Al-Bouraq, puis il est entré dans la mosquée pour diriger une prière avec tous les autres prophètes."

– "C'est incroyable qu'il ait prié avec tous les prophètes !" dit Amir, impressionné.

– "Oui, c'est un honneur immense. Après cette prière, l'ange Jibril (psl) lui a présenté deux récipients, l'un contenant du vin et l'autre du lait. Le Prophète (sws) a choisi le lait, symbolisant sa pureté et son choix pour la nature originelle de l'humanité," continua Ahmed. "Puis ils ont commencé leur ascension à travers les cieux. À chaque ciel, ils ont rencontré des prophètes différents, à commencer par le prophète Adam (psl) au premier ciel, puis le prophète Issa (psl) et Yahya (psl) au deuxième ciel, le prophète Youçouf (psl) au troisième ciel, au quatrième le prophète Idris (psl), puis le prophète Haroun (psl) au cinquième ciel, puis le prophète Moussa (psl) au sixième, et enfin, au septième ciel, le Prophète Ibrahim (psl). Chacun accueillant le Prophète Mohammed (sws)."

– "Wow, est-ce qu'ils ont vraiment monté vers le ciel... ?" demanda Amir, les yeux grands ouverts d'émerveillement.

– "Exactement," répondit Ahmed avec un sourire encourageant. "Ils ont monté sept cieux, parce qu'il existe sept cieux, et chaque ciel est très éloigné de l'autre, chacun représentant un niveau différent vers le haut."

– "Waouh, quel miracle ! Ça dépasse tout ce qu'on voit des super-héros." ajouta Amina, impressionnée par la grandeur de l'événement.

– "En effet, Amina, Amir. Ce voyage n'était pas seulement un miracle dans le sens où nous l'entendons habituellement, mais aussi une démonstration de la miséricorde et de la grandeur d'Allah (swt) . Les miracles de notre Prophète (sws) sont des signes de sa prophétie authentique et de son rôle spécial en tant que Messager d'Allah (swt)."

Ahmed, voyant l'enthousiasme briller dans les yeux de Amina et Amir, poursuivit l'histoire du voyage nocturne et de l'ascension céleste du Prophète (sws).

– "Au septième ciel, notre Prophète Mohammed (sws) et l'ange Jibril rencontrèrent le Prophète Ibrahim (psl) adossé à la Maison Céleste, Al-Bayt Al-Ma'mur, où soixante-dix mille anges entrent pour adorer Allah (swt) chaque jour, puis ils sortent."

– "C'est beaucoup d'anges !" s'exclama Amir, les yeux écarquillés.

– "Oui, et imagine que chaque jour, ce sont de nouveaux anges qui entrent, et sortent sans jamais retourner. C'est pour te montrer l'immensité de la création d'Allah (swt)," ajouta Ahmed.

– "Et puis, quoi après, Abbi ?" demanda Amina, captivée par l'histoire.

– "Ensuite," continua Ahmed, "le Prophète (sws) parvint à la Lote de l'Extrême Limite, Sidrat al-Muntaha, un arbre immense et d'une beauté indescriptible, se situa plus haut au dessus de tous les cieux. C'est là que le Prophète (sws) reçut la révélation directe d'Allah (swt) , sans aucun intermédiaire."

Les enfants étaient silencieux, captivés par le moment.

– "Ce n'était pas tout. Allah (swt) prescrivit alors cinquante prières quotidiennes. Mais en redescendant, le Prophète (sws) rencontra le Prophète Moussa (psl) qui, après avoir appris le nombre de prières, suggéra de solliciter une allègement."

– "Cinquante prières ? Ça fait beaucoup !" remarqua Amir.

"Mais après plusieurs allers-retours entre Sidrat al-muntaha et le Prophète Moussa, le nombre fut réduit à cinq prières quotidiennes. Allah (swt) révéla à son prophète (sws) que ces cinq prières seraient comptées comme cinquante pour ceux qui les accompliraient avec sincérité," expliqua Ahmed, soulignant la miséricorde d'Allah (swt).

– "Cinq prières seraient récompensée comme cinquante?"

– "Absolument, Amir. Cela montre la miséricorde d'Allah (swt). Et voilà, pour aujourd'hui, je vais m'arrêter ici. Demain, je vous raconterai la suite de cette incroyable histoire," dit Ahmed, captant l'attention totale d'Amina et Amir."

Les yeux d'Amina et Amir scintillaient, reflets de leur émerveillement face au récit du miracle Al Israa wa Al Mi'raj.

– "C'est vraiment une histoire extraordinaire, papa !" S'exclama Amir, visiblement impressionné.

– "Oui, c'est tellement inspirant. Le Prophète (sws) a vraiment vécu des choses extraordinaires," ajouta Amina, sa voix teintée d'admiration et de révérence.

– "Absolument. Cela montre à quel point Allah (swt) est puissant et miséricordieux. Et rappelez-vous, il y a encore plus à apprendre de l'histoire de notre Prophète (sws). Préparez-vous pour demain," leur dit-il, promettant plus de révélations et d'enseignements.

Amir et Amina hochèrent la tête avec enthousiasme, déjà impatients d'entendre la suite de l'histoire.

– "J'ai hâte de connaître la suite !" dit Amir, un sourire rêveur sur les lèvres.

– "Moi aussi, je veux en savoir plus," partagea Amina, sa curiosité piquée au vif.

Ahmed les regarda avec tendresse, sachant que ces moments passés ensemble à partager les histoires et les enseignements de l'Islam renforçaient non seulement leur foi mais aussi leur lien familial.

"Tournez pour la suite !"

Le lendemain, dans le salon, une tension montait entre Amina et Amir. Amir, les sourcils froncés, fixait Amina avec une conviction troublée.

– "Amina, je suis certain que c'est toi qui as caché mon jouet. Personne d'autre n'était à la maison, et maintenant il a disparu !"

– "Amir, je t'ai dit que je n'ai rien fait de tel. Pourquoi je ferais ça ? Tu sais bien que je ne joue même pas avec."

– "Alors, explique-moi où il est passé ? Tu étais la seule près de la chambre ce matin."

– "Peut-être que tu l'as juste mal placé ? Tu ne penses pas que c'est possible ? Tu sais, je n'aurais aucune raison de te mentir."

Leur échange devenait de plus en plus vif, chaque enfant s'accrochant à sa version des faits. C'est à ce moment que leur père Ahmed intervint, cherchant à apaiser le conflit.

– "Amir, Amina, assez. Ce n'est pas en nous accusant mutuellement que nous résoudrons quoi que ce soit. Amir, es-tu absolument sûr de ton accusation ? Amina a toujours été honnête."

Amir baissa les yeux, moins sûr de lui.

– "Et Amina, je comprends que tu te sentes blessée par les accusations d'Amir, mais gardons notre calme. La confiance est précieuse, surtout entre frère et sœur."

Les deux enfants, un peu honteux, acquiescèrent, reconnaissant la sagesse dans les mots de leur père.

– "Maintenant, que diriez-vous si nous laissions de côté cette dispute et que je vous raconte la suite de l'histoire de Al Israa wa Al Mi'raj ? Je pense qu'elle a beaucoup à nous apprendre sur la compréhension et la confiance."

– "Oui, papa. On veut bien écouter."

L'atmosphère tendue se dissipa peu à peu, laissant place à l'anticipation de la suite de l'histoire. Ahmed, satisfait de voir ses enfants prêts à s'écouter mutuellement de nouveau, commença à leur raconter la suite de l'extraordinaire voyage nocturne du Prophète (sws).

– "Hier, nous avons parlé que le Prophète (sws), se rendant à la mosquée Al-Aqsa puis voyageant à travers les cieux jusqu'à Sidrat al-Muntaha, où il a reçu les instructions pour la Salat. Mais avant de continuer, que pensez-vous de la durée de ce voyage ? Si je vous dis que la mosquée Al-Aqsa est très loin de La Mecque, et les cieux, imaginez combien c'est loin..."

Amina et Amir, intrigués par la question de leur père, commencèrent à réfléchir à haute voix.

– "Ça doit prendre des mois pour un tel voyage, non ?"

– "Ou peut-être même un an ? C'est tellement loin, et puis il y a le voyage à travers les cieux aussi." dit Amir.

Ahmed, avec un sourire mystérieux, les regarda, prêt à révéler l'un des aspects les plus miraculeux du voyage.

– "Alors, préparez-vous pour cette surprise. Le Prophète (sws) était endormi et s'est réveillé pour entreprendre ce voyage. Et il a accompli tout cela en une seule nuit."

– "Tout ça en une seule nuit ? Mais comment est-ce possible ?"

– "C'est un vrai miracle !"

– "Exactement, mes enfants. Cela montre la puissance et la miséricorde d'Allah (swt), capable de rendre possible ce qui paraît impossible à nos yeux. Le voyage nocturne et l'ascension du Prophète (sws) sont parmi les preuves de sa prophétie."

Les enfants, profondément impressionnés par cette histoire, se rapprochèrent encore plus, impatients d'entendre la suite. Ahmed, satisfait de leur réaction, continua son récit, leur dévoilant les merveilles et les enseignements de ce voyage extraordinaire.

"Après ce voyage nocturne et l'ascension miraculeux, le Prophète (sws) fut confronté au doute des Quraysh," commença Ahmed. "Ils le défiaient de prouver la véracité de son récit en décrivant la mosquée Al-Aqsa, un lieu qu'il n'avait jamais visité physiquement auparavant."

– "Comment le Prophète a-t-il fait pour décrire les détails de la mosquée Al-Aqsa, papa ?" demanda Amina, perplexe.

– "C'est là que Allah (swt), dans Sa grandeur, a accompli un autre miracle," expliqua Ahmed. "L'image de la mosquée Al-Aqsa se présenta devant le Prophète (sws) dans le ciel. Il put décrire la mosquée avec une précision incroyable, parlant de ses colonnes, ses portes, et même plus."

– "Wow, l'image de la mosquée devant le prophète (sws) !"

– "Exactement, Amir. Les Quraysh connaissaient bien la mosquée, et ils durent admettre que la description du Prophète (sws) correspondait parfaitement à la réalité," continua Ahmed.

– "Et ils ont cru après ça ?" demanda Amina.

– "Certains cœurs ont été touchés, pourtant, le Prophète (sws) leur annonça un signe supplémentaire, il leur décrivit une caravane de commerçants Quraysh qu'il avait vue sur son chemin de retour et leur précisa l'heure exacte de leur arrivée à La Mecque. Cette annonce, se réalisant exactement comme prédit, ajouta un autre niveau de preuve à son récit, mais beaucoup restaient empreints de déni, malgré l'évidence," ajouta Ahmed, soulignant la profondeur du défi auquel le Prophète (sws) était confronté. "Puis, face à cette situation, les Quraysh, se dirigèrent vers Abou-Bakr, le compagnon le plus proche du Prophète (sws), et l'informèrent des affirmations du Prophète dans l'espoir de semer le doute dans son esprit."

– "Comment Abou-Bakr a-t-il réagi, papa ? Demanda Amir.

– "Abou-Bakr leur a fait face avec une foi indéfectible. 'Si le Messager d'Allah l'a dit, alors c'est la vérité,' a-t-il affirmé."

– "C'est vraiment possible de croire sans voir, papa ?" demanda Amina.

– "Absolument," répondit Ahmed avec conviction. "La foi d'Abou-Bakr était si forte qu'il a été surnommé Al-Siddiq, 'le Véridique', car il croyait en toute la vérité apportée par le Prophète (sws) sans le moindre doute."

– "C'est une vraie force de croire comme ça..." murmura Amir.

– "Comme vous avez entendu, les enfants, il est important de suivre le chemin de confiance et de vérité, à l'image d'Abou-Bakr et des compagnons du Prophète, et non le chemin d'accusation pris par certains méchants de Quraysh," expliqua Ahmed. "Alors, Amir, tu devrais t'excuser d'avoir accusé Amina sans preuve."

– "Amina, je suis désolé de t'avoir accusée pour mon jouet," acquiesça Amir lentement, en regardant à Amina.

– "C'est bon, Amir. Je te pardonne. Et je t'aiderai à chercher ton jouet. Ensemble, on trouvera."

Ahmed sourit en voyant la réconciliation entre ses enfants.

– "C'est cela, la véritable cœur de notre foi, la confiance, le pardon, et l'unité. Nous devons garder notre confiance les uns dans les autres."

Les enfants hochèrent la tête en signe de compréhension, et l'atmosphère dans la pièce devint plus légère. Ils avaient appris une précieuse leçon sur la confiance et l'importance de croire en la parole de l'autre sans se laisser guider par le doute ou les accusations infondées.

"Page suivante : Nouvelle histoire !"

Histoire 20 : Une Soirée de Quiz sur les Prophètes entre Enfants

Un jeudi soir de vacances, Ahmed organisa une soirée spéciale chez lui. Il invita son ami Idrissa, sa famille, ainsi que son cousin Ali et la sienne pour un dîner. La maison était remplie de rires et de conversations chaleureuses, les arômes de plats délicieusement préparés se mêlaient à l'atmosphère accueillante. Pendant que les adultes s'installaient dans le salon, discutant et partageant des histoires, les enfants se regroupaient dans la chambre pour jouer et profiter de leur propre compagnie.

Soulayman, le fils d'Idrissa, Sofiane, le fils d'Ali, et Amir, s'étaient rapidement joints à Amina et aux autres filles, Khadija et Kadiatou, filles d'Idrissa, ainsi qu'à Leyla, fille d'Ali. Alors que les enfants cherchaient une activité pour se divertir, Leyla, âgée de 13 ans, eut une idée brillante.

– "Que diriez-vous si on jouait à un jeu de questionnaire ?" proposa-t-elle, captant l'attention de tous, "les filles poseront les questions, et les garçons y répondront à tour de rôle. Chaque bonne réponse vaut un point."

Les enfants approuvèrent avec enthousiasme, se réjouissant à l'idée d'un défi amusant et éducatif.

– "Je commence ! Qui est le Prophète qui avait une chamelle comme miracle ? s'exclama Khadija.

Les garçons se regardèrent, réfléchissant à la réponse. Après un moment de silence, Amir leva la main.

– "C'est le Prophète Salih, paix soit sur lui," répondit-il fièrement.

– "Correct !" annonça Leyla, marquant un point pour Amir.

– "Qui est le prophète qui a construit l'arche ?" fut la deuxième question lancée par Amina. Les garçons se regardèrent.

– "C'est le Prophète Nouh (Noé), paix soit sur lui," répondit Amir, gagnant le deuxième point de la soirée.

Khadija, excitée, posa la question suivante.

– "Qui est le Prophète connu pour son incroyable patience ?" cette fois, c'était Soulayman qui répondit le premier.

– "C'est le Prophète Ayoub (Job), paix soit sur lui," dit-il avec confiance, égalisant le score.

– "Quel prophète était un roi et pouvait parler aux animaux ?" interrogea Kadiatou, ses yeux brillants d'intérêt.

– "C'est le Prophète Soulayman (Salomon), paix soit sur lui," répondit Sofiane, marquant son premier point.

– "Qui est le prophète avec lequel les montagnes et les oiseaux glorifient Allah (swt) ?" demanda Leyla, voulant augmenter la difficulté.

Après un moment de réflexion, Amir leva la main.

– "C'est le Prophète Dawoud (David), paix soit sur lui," dit-il, ajoutant un autre point à son score.

– "Quel Prophète a été sauvé du feu par Allah (swt) ?" fut la question suivante, posée par Amina avec une lueur de défi dans le regard.

– "C'est le Prophète Ibrahim (Abraham), paix soit sur lui," déclara Soulayman gagnant son deuxième point.

Les questions continuaient de venir, chaque enfant plongé dans une profonde concentration, rappelant les histoires entendues lors des soirées en famille. L'air était chargé d'anticipation et d'excitation, chaque question apportant une nouvelle opportunité d'apprendre et de partager.

– "Qui est le Prophète qui a été avalé par une baleine ?" questionna Leyla, observant attentivement les visages des garçons.

– "C'est le Prophète Younous (Jonas), paix soit sur lui," dit Soufiane, sa voix pleine d'assurance.

– "Qui est le premier prophète et le premier homme, celui que Allah (swt) a créé en premier ?" Une question piège de Khadija, qui souriait malicieusement.

Les garçons hésitèrent, mais c'était Amir qui trouva la réponse.

–"C'est le prophète Adam, paix soit sur lui, le premier Prophète et le premier homme," répondit-il, consolidant son avance.

– "Quel Prophète a été élevé au ciel lors du Mi'raj ?" demanda Leyla, ses yeux scintillant d'anticipation.

– "C'est notre Prophète Mohammed (sws)." Répondit Soulayman, sans hésitation, gagnant ainsi un autre point précieux.

– "Quel Prophète a été envoyé au peuple de 'Ad ?" demanda Kadiatou, espérant déstabiliser les garçons avec une question plus difficile.

– "C'est le Prophète Houd, paix soit sur lui." répondit Soulayman, ayant lu cette histoire récemment.

– "Quel Prophète est connu pour avoir été jeté dans un puits par ses frères ?" Cette question de Leyla ramena l'attention sur les récits coraniques bien-aimés.

– "C'est le Prophète Youçouff (Joseph), paix soit sur lui," dit Sofiane, gagnant son troisième point.

– "Quel prophète et sa femme ont été bénis avec la naissance miraculeuse de Yahya (Jean) malgré leur vieillesse ?" questionna Leyla.

– "C'est le Prophète Zakariya, paix sur lui," répondit Sofiane, souriant de satisfaction.

– "Quel prophète est né dans la ville de La Mecque ?" demanda Amina.

– "C'est notre Prophète Mohammed (sws)," répondit Soulayman, avec un sourire de confiance.

– "Quel prophète est célèbre pour avoir traversé la mer Rouge avec son peuple pour échapper à la tyrannie du Pharaon ?" questionna Kadiatou, voulant impressionner les garçons.

– "C'est le Prophète Moussa (Moïse), paix soit sur lui," répondit Amir, se rappelant les miracles divins dans le Noble Coran.

Les enfants arrivèrent à la dernière question, et le suspense était à son comble. Le score affichait cinq points pour Amir, cinq points pour Soulayman, et quatre points pour Sofiane. Cette question allait peut-être décider qui serait le vainqueur de leur jeu. Tous retinrent leur souffle, conscients de l'enjeu.

– "Qui est le Prophète qui a été commandé par Allah (swt) de construire la Kaaba ?" Amina posa la question, scrutant les visages des garçons, espérant conclure cette série de questions sur une note éducative.

– "C'est le Prophète Ibrahim (Abraham), paix soit sur lui, avec son fils Ismaël," répondit Amir, sa réponse finale scellant sa victoire dans le jeu.

Et ce fut Amir qui gagna le jeu. Les enfants félicitèrent Amir qui était très heureux, en disant :

– "C'est juste un jeu, et nous avons tous gagné. Merci à vous tous." Son humilité et sa joie de partager ce moment avec ses amis rendirent la victoire encore plus douce.

Alors que la soirée chez Ahmed touchait à sa fin, l'excitation du jeu de questionnaires laissait place à des adieux chaleureux. Amir, le vainqueur, reçut des acclamations amicales tandis que les enfants promettaient de se revoir bientôt. Les familles d'Ali et d'Idrissa, reconnaissantes pour l'hospitalité et les bons moments partagés, remercièrent Ahmed avant de se diriger vers la porte. La maison, emplie de rires et de conversations joyeuses quelques instants plus tôt, retrouva son calme. Avec des sourires et des souvenirs précieux, tout le monde rentra chez soi, marquant la fin d'une belle soirée d'amitié et de jeu.

MASHALLAH

"Suivant : autre récit !"

Histoire 21 : Le Prophète Moussa (psl) et les Sorciers

Un dimanche midi, la maison résonnait des rires et des jeux d'Amina et Amir. Alors que la famille se rassemblait pour profiter d'un moment ensemble, Amir tenait un bâton-jouet, le brandissant avec enthousiasme.

– "Et maintenant, pour mon prochain tour de magie, je vais transformer Amina en grenouille !" dit Amir en agitant son bâton-jouet avec un large sourire.

– "Tu as intérêt à être un bon magicien, sinon je pourrais bien te transformer en souris !" répondit Amina en riant.

Le jeu continue, Amir se tourna ensuite vers ses parents.

– "Vous êtes les prochains ! Oummi, Abbi, qui veut être le premier à subir ma puissante magie ?" s'interrogea Amir avec un air de défi.

– "Oh, je me demande ce que tu pourrais bien faire avec ton grand pouvoir magique," dit Fatima.

Profitant de l'ambiance légère, Ahmed trouva l'opportunité parfaite pour introduire une histoire avec une vraie profondeur.

– "Amir, tu sembles bien t'amuser avec ta 'magie'. Mais que dirais-tu si je te racontais une histoire de vrai miracle des prophètes, une histoire où le pouvoir d'Allah (swt) a manifesté une grandeur bien plus impressionnante que toutes les prétendues magies des sorciers ?" proposa Ahmed.

– "Oui, papa ! Raconte-nous !" dit Amir, impatient.

– "Bien, préparez-vous alors. C'est l'histoire de la confrontation entre le Prophète Moussa (psl) et les sorciers à la cour du Pharaon. Une histoire où la foi et le pouvoir d'Allah (swt) ont triomphé de la plus grande illusion des hommes."

Amina et Amir se rapprochent de leur père Ahmed, prêts à écouter attentivement.

Ahmed, entouré de ses enfants, commença à raconter l'histoire de la confrontation entre le Prophète Moussa (psl) et les sorciers du Pharaon.

– "Lorsque le Prophète Moussa (psl) et son frère, le Prophète Haroun (psl) , furent envoyés par Allah (swt) pour libérer leur communauté de l'oppression du Pharaon en Égypte. Ils furent chargés d'apporter le message d'Allah (swt) au Pharaon, de l'avertir de Sa puissance et de lui demander de libérer leur communauté."

– "Papa, comment le Pharaon a-t-il réagi ?" demanda Amina.

– "Le Prophète Moussa (psl) jeta son bâton au sol et, par la volonté d'Allah (swt), il se transforma en un véritable serpent, quand il le reprit, le bâton redevint tel qu'il était auparavant. Et sa main, lorsqu'il la mit dans sa poche, et la retira, brillait d'une lumière. Mais le Pharaon, dans son arrogance, avait convoqué les plus grands sorciers d'Égypte, beaucoup des sorciers."

– "Mais pourquoi le Pharaon voulait-il faire ça ?" interrogea Amir, les yeux grands ouverts.

– "Il voulait prouver que ces miracles n'étaient que des tours de magie et que ses sorciers étaient plus puissants. Ils se sont donc retrouvés le jour de la grande fête, un jour où des foules se rassemblaient pour voir cet affrontement."

– "Et le Prophète Moussa (psl), il n'était pas intimidé par tous ces sorciers ?" demanda Amina, captivée.

– ""Quand les sorciers lancèrent leurs cordes et leurs bâtons, ils semblaient se transformer en serpents, mais c'était une illusion destinée à tromper les yeux des spectateurs. Au début, le prophète Moussa (psl) ressentit une once de peur en voyant toutes ces cordes et ces bâtons se transformer en serpents à leurs yeux, même aux yeux du prophète Moussa," répondit Ahmed. "Mais alors, Allah (swt) lui révéla qu'il allait gagner, lui ordonnant de ne pas avoir peur. Avec cette assurance divine, le prophète Moussa retrouva rapidement sa foi. Il savait que la vérité et la puissance d'Allah (swt) triompheraient."

– "Comme un spectacle de magie !" s'exclama Amir.

– "C'est exact," dit Ahmed. "Après, lorsque le prophète Moussa (psl) jeta son bâton, par la volonté d'Allah (swt), le bâton se transforma en un véritable serpent, avalant toutes les illusions créées par les sorciers."

– "Un vrai serpent ?" demanda Amina, les yeux écarquillés.

– "Oui, un vrai serpent. Les sorciers, experts en magie, reconnurent immédiatement que ce qu'ils avaient vu n'était pas de la magie. Ils savaient que leurs propres tours étaient des illusions. Mais le miracle du prophète Moussa (psl) était réel, un phénomène qu'aucun sorcier ne pouvait reproduire. Face à cette manifestation évidente, les sorciers acceptèrent le message du prophète Moussa (psl) et devinrent des croyants sincères en Allah (swt), malgré l'opposition et les menaces du Pharaon."

– "Le plan du Pharaon a échoué alors ?" interrogea Amir.

– "Oui, le Pharaon était furieux, mais il ne pouvait nier la vérité manifeste du miracle. " conclut Ahmed.

Les enfants, profondément touchés par l'histoire, réfléchirent à la puissance des miracles divins et à la différence entre la vérité et l'illusion. La confrontation entre le prophète Moussa (psl) et les sorciers était une leçon puissante sur la foi et la reconnaissance.

"Récit suivant : Prochaine page !"

Histoire 22 : Le Lépreux, le Chauve et l'Aveugle

La douceur d'une soirée rassembla la famille autour du salon, où les rires et les échanges remplissaient l'air d'une chaleur familiale. Amina, tenant précieusement sa boîte de chocolats qu'elle avait économisée depuis la veille, commença à en savourer un, les yeux pétillants de plaisir.

— "Amina, peux-tu partager ton chocolat avec moi s'il te plaît ? " dit Amir avec un regard envieux.

— "Non, Amir ! Tu as déjà mangé les tiens. Ceux-ci sont à moi."

Le refus d'Amina plonge le salon dans un silence momentané. Fatima, la maman, saisit cette opportunité pour enseigner une valeur importante.

— "Amina, se souvenir de partager est une belle qualité. Pourquoi ne pas offrir un peu de ton chocolat à Amir ? C'est ce que la générosité signifie," demanda Fatima, d'une voix douce mais ferme.

— "Mais je ne veux pas maman, j'ai économisé ces chocolats juste pour moi. Pourquoi devrais-je donner à Amir une partie de ce que j'ai mis de côté ?"

Fatima, voyant une occasion d'enseignement, décida de raconter une histoire sur la générosité et le don.

– "Écoutez, mes enfants. Laissez-moi vous raconter une histoire qui pourrait changer votre manière de voir les choses. C'est une histoire qui nous a été transmise par notre bien-aimé prophète Mohammed (sws), une histoire sur la générosité et la façon dont nos actions peuvent attirer les bénédictions d'Allah (swt)."

Les yeux d'Amina et d'Amir se tournèrent vers leur mère, curieux de connaître l'histoire.

– "Il était une fois, trois hommes d'une époque lointaine, antérieure à celle de notre prophète (sws), chacun confronté à sa propre épreuve : un lépreux, un chauve, et un aveugle. Les trois étaient pauvres. Leur chemin allait les mener à travers une série de défis destinés à éprouver leur gratitude et leur foi," commença Fatima. "Allah (swt) envoya un ange à chacun d'eux. L'ange arriva d'abord chez le lépreux et lui demanda ce qu'il désirait le plus au monde. Sans hésiter, le lépreux souhaita être guéri de sa lèpre et avoir une belle peau. L'ange, par la volonté d'Allah (swt), passa sa main sur lui, et sa lèpre fut guérie, lui donnant une peau saine et radieuse."

– "Vraiment, maman ? Juste comme ça ?" interrompit Amir.

– "Oui, mon chéri, par la volonté d'Allah (swt)," répondit Fatima avec douceur. "Ensuite, l'ange demanda au lépreux quel type de richesse il souhaitait. Lorsqu'il choisit les chameaux, un chameau en gestation lui fut accordé."

– "Et les autres hommes, maman ?" demanda Amina.

– "L'ange se rendit ensuite au chauve et lui offrit la même opportunité. Après avoir exprimé le désir d'avoir de beaux cheveux et d'être débarrassé de sa calvitie, l'ange lui donna une belle chevelure. Le chauve choisit les vaches comme signe de richesse, et il lui fut accordé une vache en gestation."

– "Enfin, l'ange alla voir l'aveugle, qui souhaitait par-dessus tout retrouver la vue. Lorsque l'ange passa sa main sur ses yeux, l'aveugle put voir pour la première fois depuis longtemps. Il choisit les moutons comme richesse, et un mouton en gestation lui fut donné."

– "Avec le temps, par la grâce d'Allah (swt), les richesses de ces trois hommes se multiplièrent, remplissant leurs vallées de chameaux, de vaches, et de moutons. Cependant, mes enfants, la vraie épreuve de leur gratitude envers Allah (swt) ne faisait que commencer," conclut Fatima, plantant le décor pour la suite de leur histoire.

Amina et Amir, absorbés par l'histoire, étaient impatients d'entendre la suite. Ils comprenaient déjà l'importance de la gratitude et attendaient avec anticipation de découvrir comment ces trois hommes allaient réagir face à l'épreuve. Fatima, voyant leur intérêt, se prépara à leur raconter la deuxième partie de l'histoire, une leçon sur la foi, la gratitude, et la véritable richesse.

– "Alors que les trois hommes jouissaient de leur nouvelle prospérité, Allah (swt) envoya le même ange sous l'apparence d'un homme pauvre vers le lépreux, qui avait autrefois souffert de la lèpre. L'ange, se présentant comme un voyageur en détresse, demanda au lépreux un chameau pour continuer son voyage, en se rappelant à lui la miséricorde d'Allah (swt) qui l'avait guéri et enrichi. Mais le cœur du lépreux s'était endurci avec la richesse. Il refusa d'aider, prétendant que sa fortune était le résultat de son propre dur labeur, niant la grâce d'Allah(swt)."

– "Ce n'est pas juste," s'indigna Amir.

– "Ensuite, l'ange, sous la même apparence, se rendit auprès du chauve, lui demandant de l'aide et lui rappelant également la guérison et la richesse qu'Allah (swt) lui avait accordées. Malheureusement, comme le lépreux, le chauve refusa d'aider, affirmant lui aussi que sa richesse était le fruit de son propre héritage," continua Fatima.

– "Ils ont oublié comment ils étaient pauvres," murmura Amina.

– "Enfin, l'ange alla voir l'aveugle, toujours sous l'apparence d'un homme dans le besoin. Lorsque l'ange lui demanda un mouton pour subvenir à ses besoins, l'aveugle répondit avec une grande générosité. Il se souvenait clairement d'où venait sa bénédiction et était prêt à partager sa fortune avec celui qu'il croyait être un pauvre voyageur," Fatima dit avec un sourire, heureuse de révéler la foi inébranlable de l'aveugle.

– "L'aveugle a fait ce qui est bien," dit Amir, un sourire se formant sur son visage.

– "Exactement, mon cher. L'ange révéla alors sa véritable identité à l'aveugle, lui annonçant qu'il avait réussi l'épreuve de gratitude et de foi en Allah (swt). Tandis que l'aveugle fut béni encore davantage pour sa générosité, les deux autres furent avertis qu'ils pourraient perdre leurs bénédictions pour leur ingratitude," conclut Fatima.

– "C'est une histoire incroyable sur l'importance d'être reconnaissant et de partager," dit Amina, pensive.

– "Oui, mes enfants. c'est notre prophète Mohammed (sws) qui nous a enseigné cette histoire dans les Hadiths, cette histoire nous enseigne que la véritable richesse n'est pas dans ce que nous possédons, mais dans notre capacité à apprécier les dons d'Allah (swt) et à les partager avec les autres. La gratitude et la générosité sont les clés pour recevoir les bénédictions continues d'Allah (swt)," Fatima termina son récit, espérant avoir implanté dans le cœur de Amir et d'Amina les graines de la gratitude et de la foi.

À la fin de l'histoire, un silence réfléchi enveloppe la pièce. Amina, les yeux brillants d'une nouvelle compréhension, regarde sa boîte de chocolats, puis vers son frère Amir, avec une expression transformée.

– "Amir, tiens, je veux partager la moitié de mes chocolats avec toi. La vraie joie vient de partager ce que nous avons." dit Amina en ouvrant sa boîte et en sortant quelques chocolats.

– "Merci beaucoup, Amina ! Je suis tellement heureux. Tu es la meilleure sœur du monde !"

Leurs parents observent la scène avec une immense fierté et joie. Fatima et Ahmed échangent un regard empli d'affection et de satisfaction, sachant que l'histoire a touché le cœur de leurs enfants.

– "Voir vous partager et prendre soin l'un de l'autre de cette manière nous remplit le cœur de bonheur. C'est là le coeur de la générosité et de l'amour." dit Fatima en souriant

– "Et chaque acte de générosité est une bénédiction, non seulement pour celui qui reçoit mais aussi pour celui qui donne." Ajouta Ahmed.

Amina et Amir, comprennaient la valeur du partage et la profondeur de la leçon transmise à travers l'histoire de leur mère. La soirée se termina sur une note de bonheur et de gratitude, chacun reconnaissant pour les leçons apprises et pour la douceur d'un moment familial partagé.

"Histoire après : Tournez !"

Histoire 23 : Les Deux Marchands et la Mer : Confiance en Allah (swt)

Amina ne trouva pas sa gomme préféré, elle chercha frénétiquement partout sur le bureau qu'elle partageait avec son frère, Amir. Un après-midi tranquille se transforma en une scène de désaccord familial.

– "Amir, as-tu vu ma gomme ? Celle avec les étoiles dessus ?" demanda Amina, fouillant sous un tas de feuilles.

– "Non, je ne l'ai pas vue." Répondit Amir, absorbé par son dessin, ne lève pas les yeux

Mais Amina, ne se laissant pas convaincre, remarqua une forme familière dépassant de la poche d'Amir.

– "C'est ça, dans ta poche ! Tu l'as !"

– "Non, c'est... c'est la mienne. Je l'ai toujours eue."

– "C'est impossible Amir ! Papa et maman me l'ont offerte le mois   dernier ! Rends-la-moi !"

Leur mère, Fatima, entendant monter le ton, s'approcha pour comprendre l'origine du conflit.

– "Quel est le problème ici ?" demanda-t-elle calmement.

– "Amir ne veut pas me rendre ma gomme."

– "Mais vous avez aucune preuve que j'ai emprunté sa gomme. Comment pouvez-vous être sûrs ?" dit Amir

C'est à ce moment que leur père, Ahmed, intervient, saisissant l'opportunité d'enseigner une leçon précieuse.

– "Amir, Amina, souvenez-vous que même si nous, vos parents, ne pouvons pas toujours voir ou prouver ce qui s'est passé, Allah (swt) voit tout. Il sait qui dit la vérité et qui ne la dit pas. Et Allah (swt) nous enseigne l'importance de rendre ce que nous empruntons. Préparez-vous, je vais vous raconter une histoire sur ça !"

Les enfants, captivés par l'histoire, prêtèrent une oreille attentive à leur père qui commença son récit.

– "En fait," continua Ahmed, "notre Prophète Mohammed (sws) a partagé l'histoire de deux hommes, l'un ayant emprunté une somme importante à l'autre, qui nous montre l'importance de la confiance et de l'honnêteté."

Amina et Amir, curieux, demandèrent presque en chœur :

– "Raconte-nous cette histoire papa s'il te plaît ?"

Ahmed sourit, voyant une occasion d'enseigner et de réconcilier.

– " Bien sûr, l'histoire que je vais vous raconter ce soir nous a été transmise par notre Prophète Mohammed (sws). Elle concerne deux hommes ayant vécu à une époque lointaine avant celle de notre prophète (sws), " dit Ahmed d'une voix chaleureuse.

– "Qui étaient ces deux hommes, papa ?" interrogea Amir, incapable de contenir sa curiosité.

– "Deux marchands, un de ces hommes avait besoin d'emprunter une grande somme d'argent – mille dinars –. Il s'adressa à l'autre pour cette faveur. Quand le prêteur lui demanda une garantie, l'emprunteur répondit avec foi : 'Allah (swt) est suffisant comme garant,'" expliqua Ahmed.

– "Et le prêteur, il a accepté ? Comme ça ?" demanda Amina.

– "Oui, Amina. Sa réponse était guidée par une confiance profonde en Allah (swt). Il était touché par la foi de l'emprunteur et accepta de lui prêter l'argent sans autre garantie que celle d'Allah (swt)," dit Ahmed, captivant ses enfants.

– "Cela représente une très grande responsabilité, n'est-ce pas ?" commenta Amir, avec une pointe de sérieux dans la voix.

– "Tout à fait, mon fils. L'emprunteur partit loin à travers les mers pour faire ses commerces. Les jours passèrent, et quand il fut temps pour lui de rembourser la dette, il rencontra un obstacle. Il ne trouvait aucun moyen de renvoyer l'argent à temps. Alors, dans un acte de foi totale, il plaça l'argent dans un trou dans un morceau de bois, y ajouta une note expliquant la situation, puis le referma bien, et le mit à la mer, priant Allah (swt) pour qu'il guide ce bois jusqu'au prêteur," poursuit Ahmed.

– "Il a vraiment jeté l'argent dans la mer ?" s'exclama Amina, les yeux écarquillés d'incrédulité.

– ""Exactement. Quelques jours plus tard, de l'autre côté de la mer, le prêteur découvrit par hasard ce morceau de bois. Il l'avait pris pour l'utiliser comme bois de chauffage. Lorsqu'il commença à le couper, quelle ne fut pas sa surprise de trouver non seulement l'argent caché à l'intérieur, mais aussi la note explicative. Par la volonté d'Allah (swt), ce paiement avait été guidé jusqu'à lui, d'une manière tout à fait extraordinaire," révéla Ahmed, ses yeux brillant d'une lueur de foi renouvelée.

– "Wow, c'est incroyable !" s'exclama Amir, sa foi renforcée par l'histoire.

– "Oui, c'est une leçon puissante sur la confiance en Allah (swt). Même lorsque nous ne voyons pas de solution, Allah (swt) peut créer des voies là où il n'y en a pas. Cette histoire nous enseigne également l'importance de tenir nos promesses," conclut Ahmed, espérant inculquer ces valeurs dans le cœur de ses enfants.

Amina et Amir, profondément touchés par la leçon morale et les enseignements du récit.

Quelques jours après avoir mis son paiement dans la mer, notre emprunteur réussit à retourner chez lui. Il partit immédiatement à la rencontre du prêteur avec l'intention de lui rembourser les mille dinars.

– "Mais le prêteur savait déjà pour l'argent, non, papa ?" interrogea Amina, doucement.

– "Exactement, Amina. Mais l'emprunteur ne le savait pas. Lorsqu'il rencontra le prêteur, il lui dit : 'Par Allah (swt), je n'ai pas trouvé de moyen de t'envoyer l'argent plus tôt. Mais voilà, je suis venu te le remettre maintenant.'"

– "Et le prêteur, qu'a-t-il fait ?" demanda Amir, toujours à la recherche d'une conclusion juste.

– "Le prêteur, touché par la droiture et la fidélité de l'emprunteur, lui révéla ce qui s'était passé. 'Allah (swt) a livré ton paiement d'une manière que tu ne pouvais imaginer. Le morceau de bois que tu as confié à la mer m'a été apporté, et j'ai trouvé ton argent. Ta dette est déjà réglée.'"

– "Alors, il n'a pas pris l'argent supplémentaire ?" interrogea Amina

– "Non, il ne l'a pas pris. Il fut si impressionné par la foi de l'emprunteur, affirmant que la confiance placée en Allah (swt) était la plus grande des garanties et des témoins," Ahmed termina l'histoire avec une note de sagesse et de morale.

– "C'est une très belle histoire sur la confiance en Allah (swt)," murmura Amir, réfléchissant à la leçon.

– "Oui, mes enfants. Cela nous enseigne que lorsque nous agissons avec honnêteté et confiance en Allah (swt), Il trouve des solutions pour nous aider."

Touché par l'histoire et la leçon de confiance en Allah ainsi que l'importance de l'honnêteté, Amir se tourna vers sa sœur.

– "Amina, je suis désolé. J'ai emprunté ta gomme et je t'ai dit que c'était la mienne. Je n'aurais pas dû faire ça," avoua Amir, tendant la gomme à Amina avec un regard sincère.

– "Merci de me l'avoir rendue, Amir. Je te pardonne," dit-elle avec un sourire, reconnaissante pour la leçon d'honnêteté que tout le monde avait apprise ce soir.

Ahmed, observant cet échange, fut rempli de fierté.

– "Voir vous deux apprendre et grandir à travers ces histoires me réjouit le cœur. L'honnêteté est toujours récompensée, et Allah (swt) voit toutes nos actions."

"Récit suivant : Prochaine page !"

Histoire 24 : Arrogance Contre Humilité

Un samedi paisible, après un repas familial chaleureux, Amina partagea une préoccupation qui la tracassait depuis quelque temps.

– "À l'école, il y a une fille... Elle dit toujours que ses parents ont plein d'argent et beaucoup de voitures. Elle affirme même qu'ils possèdent cinq voitures ! Et puis, elle se comporte différemment avec nous, comme si elle était supérieure parce qu'elle a plus de choses," expliqua Amina, avec la simplicité propre à un cœur d'enfant, ses mots reflétant une innocence perturbée par les premières confrontations aux vanités matérielles.

– "C'est vrai ? Ils ont tant de voitures ? Wow..." intervint Amir, impressionné.

– "Mes enfants, la véritable force et la vraie richesse ne se mesurent pas en argent ou en possessions. La plus grande richesse réside dans le cœur. Regardez notre Prophète (sws), qui était le leader de tous les musulmans. Pourtant, il possédait peu de biens matériels, mais était infiniment riche par sa foi, sa sagesse, et son immense humilité," répondit Fatima.

Ahmed s'ajusta dans son siège, captivant l'attention d'Amir et d'Amina avec un ton sérieux.

– "Mes enfants, laissez-moi vous raconter l'histoire de Qaroun, un homme d'une richesse inouïe qui vécut à l'époque du Prophète Moussa (psl). Son histoire est pleine de leçons."

– "À quel point était-il riche, papa ?" demanda Amir, les yeux grands ouverts.

– "Tellement riche, Amir, que même les clés de ses trésors nécessitaient un groupe d'hommes forts pour être portées," expliqua Ahmed. "Mais Qaroun n'était pas reconnaissant. Il croyait que tout ce qu'il avait acquis était dû à sa propre intelligence."

– "Il n'a pas aidé les pauvres avec sa richesse ?" demanda Amina.

– "Non, Amina, il ne l'a pas fait. Il était très arrogant, se croyant meilleur que les autres parce qu'il était riche."

– "Qu'est-ce qui lui est arrivé ?" demanda Amir, inquiet.

– "Un jour, la terre s'est ouverte et a englouti toute sa richesse, et lui-même a disparu dans ce cataclysme," dit Ahmed doucement.

Les yeux d'Amir et d'Amina s'élargirent, absorbant la leçon de l'histoire. Ahmed les regarda tendrement, espérant qu'ils comprenaient l'importance de la modestie et de l'usage sage des bénédictions reçues.

Ahmed, captant l'attention des enfants, se lança dans une autre histoire.

– "Après Qaroun, permettez-moi de partager avec vous une autre histoire mentionnée dans le Noble Coran. Il s'agit d'un homme qui possédait deux magnifiques jardins, connu sous le nom de Sahib al-Jannatayn."

– "Deux jardins magnifiques ?" s'exclama Amina.

– "En effet, très magnifiques, Amina. Ces jardins regorgeaient de vignes, bordés de palmiers, et séparés par un cours d'eau. L'homme était extrêmement riche et se vantait souvent de ce qu'il possédait, persuadé que ses biens lui seraient éternels," décrit Ahmed.

– "Il ne faisait pas preuve de gentillesse envers les autres ?" demanda Amir, visiblement intrigué.

– "Même face à son ami, il se proclamait supérieur, vantant sa propre grandeur. Mais cet ami, véritable incarnation de la bonté, tentait de le raisonner avec douceur. Il lui faisait comprendre que la grandeur réelle est dans l'humilité et la foi sincère en Allah (swt), et non dans l'amassement des richesses ou dans une supposée supériorité. Il lui rappelait que, devant Allah (swt), ce qui compte ce sont les actes et les intentions, et non la vanité ou l'opulence."

– "Il aurait dû accepter le conseil," dit Amina.

– "Exactement, Amina. Et un jour, ses jardins furent totalement anéantis, emportés par une calamité sans précédent. L'homme se retrouva seul, contemplant ce qu'il avait perdu, rongé par le regret de son arrogance et de son ingratitude pour les bienfaits reçus," continua Ahmed.

– "Il a tout perdu ?" demanda Amir, bouche bée.

– "Oui, tout. Mais à la différence de Qaroun, cet homme est resté vivant. Il a regretté de ne pas avoir été reconnaissant pour ce qu'il avait. Cela nous enseigne, mes enfants, qu'il est crucial d'être toujours reconnaissants et humbles, quelles que soient nos possessions," conclut Ahmed.

– "Papa, ça montre que l'argent, ce n'est pas tout. Qaroun et le Sahib al-Jannatayn avaient beaucoup d'argent mais ils n'étaient pas heureux à la fin," dit Amina, pensive.

– "Et ils étaient arrogants avec leur richesse. Ça n'a pas bien fini pour eux," ajouta Amir, montrant qu'il a compris la morale.

"Exactement, mes enfants," répond Ahmed.

Après avoir écouté attentivement, Fatima saisit l'occasion pour prendre la parole et introduire une nouvelle histoire fascinante à ses enfants, marquant ainsi son intervention dans la séance de contes.

– "Imaginez maintenant l'histoire d'un roi qui savait valoriser les bénédictions d'Allah (swt) de manière judicieuse, mentionné dans le Coran. À l'opposé de Qaroun et de Sahib al-Jannatayn, ce roi a emprunté une voie différente. Laissez-moi vous parler de Dhou al-Qarnayn, un souverain doté non seulement de sagesse et de force mais aussi d'une gratitude et d'une humilité lui permettant de reconnaître l'origine de ses bienfaits. Il a parcouru le monde non pour s'enrichir ou imposer sa domination, mais dans le but de promouvoir la justice et la paix."

– "C'est vraiment un roi différent, maman !"

– "Effectivement, Amina. Il possédait une richesse inégalée mais a choisi de rester juste et humble. Jamais il n'a employé sa force pour opprimer les faibles. Au lieu de cela, il a cherché à assister et à orienter," continua Fatima. "Dans une partie de son histoire, Dhou al-Qarnayn passa par un peuple tourmenté par Yaajouj et Maajouj, deux tribus nuisibles. Il a conçu une stratégie pour contenir Yaajouj et Maajouj, les empêchant de nuire à d'autres."

– "Il devait être très intelligent pour faire comme ça !" dit Amir.

– "Exactement ! Dhou al-Qarnayn nous montre qu'il est essentiel de pratiquer la justice et l'humilité, même dotés du pouvoir de dominer. C'est un enseignement précieux pour nous tous," conclut Fatima, espérant que l'exemple de Dhou al-Qarnayn inspire Amir et Amina à cultiver la justice et l'humilité dans leurs propres vies.

Encouragée par l'intérêt manifeste de ses enfants, Fatima enchaîne sur une nouvelle histoire.

– "Après Dhou al-Qarnayn, laissez-moi vous raconter l'histoire d'un autre grand homme, le Prophète Soulayman (psl). Par la grâce d'Allah (swt), il possédait non seulement une richesse et une sagesse inégalées mais aussi le don de comprendre le langage des animaux et de commander aux Jinns. Son règne était marqué par la justice, la paix et l'harmonie entre toutes les créatures."

– "Wow, parler aux animaux ! Ç'est incroyable !" s'exclama Amina.

– "Oui, Amina, c'était un don spécial. Mais le plus remarquable chez le Prophète Soulayman (psl) était sa gratitude et son humilité devant ces dons exceptionnels. Il utilisait sa richesse et ses capacités pour aider son peuple et maintenir l'équilibre dans la création," expliqua Fatima. "Il savait que tout venait d'Allah (swt)."

– "C'est comme avoir des super-pouvoirs, mais les utiliser pour faire le bien autour de soi." ajouta,Amir, pensif.

– "Exactement, Amir. L'exemple du Prophète Soulayman (psl) nous enseigne l'importance d'apprécier les dons d'Allah (swt) et de les utiliser dans le but de faire avancer le bien commun," conclut Fatima

– "Nous devons toujours nous rappeler d'être reconnaissants pour ce que nous avons et d'utiliser nos bénédictions pour aider les autres, pas pour être arrogants ou égoïstes," conclut Ahmed, en espérant que ses enfants emporteront cette leçon importante dans leur cœur.

Amir et Amina hochèrent la tête, un nouveau respect pour les histoires et leurs enseignements illuminant leurs visages. Ils se promirent de ne jamais oublier l'importance de l'humilité et de la générosité, peu importe ce que la vie leur réservait.

"Prochaine page, prochain conte !"

Histoire 25 : Paroles Blessantes (Leçons d'Unité)

Dans la maison d'Ahmed et Fatima, l'harmonie était souvent le maître-mot, mais un jour, une dispute entre Amir et Amina perturba cette tranquillité. Amir, dans un élan d'émotion, laissa échapper des mots durs envers sa sœur, des mots qui résonnèrent douloureusement dans le calme de leur foyer. Cette fois, la réaction d'Ahmed fut inattendue. Connu pour sa patience et sa compréhension, il se montra exceptionnellement fâché, une colère rare qui choqua profondément Amir.

Ahmed, d'habitude si calme et réfléchi, ne pouvait cacher son indignation.

– "Dans cette maison, nous traitons les autres avec respect et amour. Ce que tu as fait aujourd'hui, Amir, est inacceptable," dit-il d'une voix tremblante de colère.

Amir, bouleversé par la réaction de son père, tenta de s'excuser à plusieurs reprises, mais Ahmed ne répondit pas, tournant le dos à son fils. Désemparé et les larmes aux yeux, Amir se précipita vers sa mère.

– "Mais maman, qu'est-ce que se passe ? Je n'ai jamais vu papa aussi fâché," dit Amir entre deux sanglots.

Fatima, occupée à éplucher les légumes, met ses tâches de côté et se tourne vers son fils.

– "Mon cher Amir, il y a certaines choses que ton père et moi ne pouvons pas tolérer. Les insultes et les mots blessants en font partie. Ton père peut passer à côté de beaucoup de choses, comme des erreurs ou des accidents, car il sait que tu apprends. Mais utiliser des mots durs contre quelqu'un, surtout contre ta sœur, va à l'encontre de tout ce en quoi nous croyons."

Amir écoutait attentivement, ses larmes commençant à sécher alors qu'il absorbait les paroles de sa mère.

– "Ton père a toujours voulu que tu grandisses avec un bon caractère, en suivant l'exemple de notre Prophète Mohammed (sws), qui n'a jamais insulté personne et a toujours encouragé à dire de belles choses. C'est une leçon importante, Amir. Les mots ont le pouvoir de blesser ou de guérir. Nous devons choisir les nôtres avec soin," continua Fatima, ses mots pleins de sagesse.

Amir sentit le poids de ses actions et la valeur des enseignements de ses parents. Après un moment de réflexion, il se leva, déterminé.

– "Je vais parler à papa. Je lui promettrai de ne plus jamais utiliser de mauvais mots, ni contre Amina ni contre qui que ce soit d'autre," dit-il, une nouvelle maturité dans sa voix.

Retrouvant Ahmed, Amir prit une grande inspiration.

– "Abbi, je suis vraiment désolé pour ce que j'ai dit. Je promets de ne plus utiliser d'insultes. Je veux être quelqu'un de bien, comme tu l'as enseigné."

Ahmed regarda son fils, voyant sa sincérité et son désir de changer. Sa colère se dissipa, remplacée par un sentiment de fierté pour le jeune homme que son fils choisissait de devenir.

– "D'accord, je te pardonne, Amir. Je suis fier de voir que tu comprends l'importance de tes paroles et de ton caractère," dit Ahmed.

Amir, submergé par l'émotion et la joie d'avoir retrouvé la paix avec son père, laissa couler ses larmes, cette fois de bonheur. Il avait appris une leçon précieuse ce jour-là, non seulement sur l'impact de ses mots mais aussi sur la force du pardon et l'amour inconditionnel de sa famille.

Dans le calme qui avait succédé à la tempête émotionnelle de leur dispute, Ahmed rassembla Amir et Amina pour partager une leçon de vie essentielle, inspirée par les caractères exemplaires du Prophète Mohammed (sws). Il commença son récit avec une voix douce mais ferme, captivant l'attention de ses enfants.

– "Mes chers enfants," commença Ahmed, "notre Prophète Mohammed (sws) était l'incarnation de la justice et de la bonté. Il ne recourait jamais aux mauvais mots ou aux insultes, choisissant toujours de dire la vérité et de répandre la bonté autour de lui. Sa conduite était guidée par l'équité, l'amour et la justice. De plus, notre prophète (sws) nous a enseigné que la véritable force réside dans la capacité à contrôler la colère et à répondre à la haine par l'amour et la compréhension."

Ahmed marqua une pause, laissant ses paroles imprégner l'esprit de ses enfants.

– "De l'autre côté, les ennemis de notre prophète, quant à eux, se caractérisaient souvent par leurs comportements nuisibles. Ils avaient recours aux insultes et aux mensonges, manifestant une tendance à l'injustice et à la malveillance. Leur approche était de semer la discorde et l'hostilité, reflétant des traits de caractère marqués par l'agressivité et le manque de respect envers autrui."

Amina, touchée par les paroles de son père, baissa les yeux, réfléchissant à la profondeur de ces enseignements. Amir, quant à lui, semblait absorbé par la sagesse de l'histoire, un sentiment de révélation éclairant son visage.

Ahmed conclut son récit en posant une question qui résonna profondément dans le cœur de ses enfants.

– "Alors, mes enfants, quel chemin choisissez-vous ? Celui de notre Prophète bien-aimé (sws), plein de patience, de pardon et de gentillesse ? Ou celui de ses ennemis, qui ont choisi la voie de la colère et de l'insulte ?"

– "Je veux suivre l'exemple du Prophète, papa. Je veux être patiente et gentille, même quand c'est difficile." dit Amina en exprimant son engagement, sa voix révélant une maturité nouvelle.

– "Moi aussi, Abbi. Je promets de faire attention à mes paroles et d'être gentil, même quand je suis en colère." murmura Amir.

– "Je suis fier de vous deux," dit Ahmed, les enveloppant dans un câlin plein d'amour. "En choisissant ce chemin, vous honorez non seulement notre Prophète bien-aimé (sws), mais vous contribuez aussi à un monde meilleur."

Ce moment aida à améliorer les relations au sein de la famille, où le pardon et l'apprentissage mutuel renforcèrent les liens d'amour et de respect entre eux, guidés par les enseignements intemporels du Prophète Mohammed (sws).

"Récit suivant : Prochaine page !"

Histoire 26 : Les Leçons de Sagesse des parents pour leurs enfants

Dans le calme de leur salon, après avoir couché Amina et Amir, Ahmed et Fatima s'assirent pour partager un moment de tranquillité. C'était le moment idéal pour discuter de leurs espoirs et leurs rêves concernant l'avenir de leurs enfants.

– "Tu sais, Fatima, chaque soir, quand je regarde Amina et Amir dormir, je ne peux m'empêcher de penser aux meilleures méthodes pour leur enseigner les valeurs importantes et les guider vers la réussite," commença Ahmed, la voix empreinte de tendresse et de réflexion.

– "Oui, moi aussi," répondit Fatima. "J'implore Allah (swt) pour qu'ils grandissent en restant toujours sur le bon chemin, qu'ils soient bons, et qu'ils possèdent un caractère fort."

Ahmed acquiesça, son esprit errant vers les nombreuses possibilités que l'avenir réservait à ses enfants.

– "Je veux qu'ils soient courageux, mais aussi qu'ils sachent quand être doux. Qu'ils aient la force de tenir tête à l'injustice, aussi la sagesse de savoir quand pardonner."

– "Exactement. Et je souhaite qu'ils aient toujours une foi solide, qu'ils se souviennent d'Allah (swt) dans les moments de joie comme dans les moments de difficulté," ajouta Fatima, son cœur empli d'espoir pour les leçons de vie que leurs enfants apprendraient.

– "Il est de notre devoir, en tant que parents, de leur montrer l'exemple, et de leur enseigner ces valeurs." continua Ahmed.

Fatima hocha la tête, un sourire se dessinant sur ses lèvres.

– "Et je veux qu'ils sachent qu'ils peuvent toujours compter sur nous, pour les soutenir, les guider et les aimer."

– "Oui, et qu'ils comprennent l'importance de la famille, qu'ils chérissent ces liens et qu'ils soient toujours là les uns pour les autres," dit Ahmed.

– "Nous avons de la chance, Ahmed. Avec la confiance en Allah (swt), puis, de l'amour, de la patience, je crois que nos enfants deviendront tout ce que nous espérons pour eux," conclut Fatima, une lueur d'optimisme dans ses yeux.

– "Chaque matin, pendant le petit déjeuner, je vais les remplir de motivations et de bons conseils. Comme ça, ils commenceront leurs journées en pleine forme. Parce que, comme tu sais, le secret de la réussite d'une journée, c'est son début," annonça Ahmed, les yeux pétillants d'une nouvelle idée.

– "C'est une merveilleuse idée. Un bon début peut effectivement définir l'allure de toute la journée."

Convaincus par cette nouvelle approche, Ahmed et Fatima se préparèrent à aller dormir, l'esprit tranquille, sachant qu'ils avaient trouvé une nouvelle façon d'encourager leurs enfants chaque jour.

Le lendemain matin, comme prévu, la famille se rassembla autour de la table pour un petit déjeuner pas comme les autres. Ahmed partagea ses motivations et ses conseils, inaugurant ainsi une tradition matinale qui promettait.

– "Mes chers enfants," commença Ahmed avec un sourire. "Écoutez bien et concentrez-vous. Votre mission journalière commença. Sortez en plein forme pour votre quête de science. Vous êtes les meilleurs."

– "Abbi, c'est dur de se réveiller," murmura Amir , les yeux encore lourds de sommeil.

– "Rappelez-vous, mes trésors," répondit Ahmed, "chaque jour est une aventure, une opportunité d'apprendre quelque chose de nouveau. Allah (swt) nous donne cette nouvelle journée pour que nous puissions la remplir de connaissances et de bonnes actions. Mes chers enfants, à l'école, vous voyez deux sortes d'enfants. Il y a ceux qui, comme de petits explorateurs, sont toujours à la recherche de nouvelles aventures dans leurs livres et leurs leçons, et puis il y a ceux qui préfèrent jouer sans penser à demain. Je veux que vous soyez comme ces petits explorateurs, avides d'apprendre et d'écouter."

Ahmed marqua une pause, laissant ses paroles imprégner l'atmosphère.

– "Sur votre chemin, vous trouverez des bruits de fond de ceux qui ne sont pas encore prêts à explorer. Mais ne les laissez pas vous éloigner de votre trésor de connaissance. Et n'oubliez pas, la joie dans votre cœur est votre boussole magique, ne permettez à personne de vous la voler."

Ahmed, captant l'attention renouvelée de ses enfants, continua.

– "Et n'oubliez jamais, mes chers enfants, Allah (swt) vous a donné tous les moyens pour réussir et pour être heureux. Il vous a offert l'intelligence, la curiosité, et cette joie dans vos cœurs. Utilisez ces merveilleux cadeaux."

Amir et Amina acquiescèrent, un sentiment de gratitude et de responsabilité s'éveillant en eux. Armés de ces paroles d'encouragement, ils se sentirent prêts à affronter leur journée, remplis d'une nouvelle énergie positive et d'une détermination renforcée.

La famille termina son petit déjeuner dans un esprit de détermination renouvelée. Amir et Amina, bien qu'encore un peu somnolents, étaient désormais prêts à affronter la journée avec courage et optimisme, portés par les paroles encourageantes de leur père.

"Page suivante : Nouvelle histoire !"

Histoire 27 : Amina et Amir et l'apprentissage des sourates

Un samedi matin ensoleillé, dans la maison, régnait une atmosphère de joie et d'excitation. Ce jour-là, Ahmed avait prévu d'emmener Amir et Amina à la mosquée pour une session spéciale d'apprentissage du Coran. C'était une occasion pour apprendre et pour retrouver leurs amis.

Dès leur arrivée à la mosquée, l'ambiance chaleureuse et accueillante enveloppa Amir et Amina. Les rires et les salutations entre amis remplissaient l'air, créant une belle harmonie. Ils se dirigèrent vers la salle d'apprentissage, où des tapis avaient été étalés et des copies du Coran disposées pour chaque participant.

– "As-salam alaykoum, Amir, Amina ! Vous êtes prêts pour aujourd'hui ?" les accueillit chaleureusement l'Imam, Monsieur Aziz, un sourire bienveillant illuminant son visage.

– "Wa Alaykoum As-salam, Oui, Monsieur Aziz ! Nous avons hâte d'apprendre !" répondirent-ils en chœur, leurs yeux pétillants d'enthousiasme.

La session commença par une courte invocation, où tous firent dou'a à Allah (swt) de bénir leur apprentissage et de faciliter la mémorisation. Puis, l'Imam, Monsieur Aziz, les guida à travers les petites sourates, expliquant les significations et la prononciation correcte des mots en arabe.

Amir et Amina, entourés de leurs amis et cousins, s'absorbèrent rapidement dans l'apprentissage, répétant avec application les versets que l'Imam leur enseignait. Ils découvrirent les sourates Al-Fatiha, Al-Ikhlas, Al-Falaq, et An-Nas, ressentant une profonde connexion spirituelle à travers ces mots sacrés.

– "Voyez-vous, enfants, chaque sourate que vous apprenez est un trésor, une lumière qui éclaire votre chemin dans la vie," expliqua l'Imam, ses paroles inspirant un profond respect pour le Coran dans le cœur des jeunes apprenants.

La matinée passa rapidement dans cet environnement d'apprentissage enrichissant, ponctuée de partages. Amir et Amina étaient particulièrement fiers d'avoir réussi à mémoriser.

À la fin de la session, Ahmed vint chercher ses enfants, remarquant immédiatement l'éclat de joie et la satisfaction sur les visages de ses enfants.

– "Alors, comment c'était, mes trésors ?" demanda-t-il en conduisant de retour à la maison.

– "Abbi, c'était incroyable!" commença Amir, son excitation palpable. "Nous avons appris de nouvelles sourates, et l'imam nous a expliqué tellement de choses sur la langue arabe et le Coran !"

– "Oui, et il y avait beaucoup d'autres enfants aussi. Nous avons tous partagé et appris ensemble. C'était tellement amusant et facile !" ajouta Amina, un sourire sur ses lèvres.

Ahmed écoutait leurs récits avec un cœur empli de gratitude, sachant que ces moments passés à apprendre et à grandir dans leur foi étaient des pierres précieuses dans le jardin de leur éducation islamique.

En arrivant à la maison, ils furent accueillis par Fatima, impatiente d'entendre parler de leur matinée. Les enfants se précipitèrent pour lui raconter chaque détail, leurs voix se mêlant dans un flux joyeux de récits. Amir et Amina s'installèrent confortablement dans le salon, entourés de l'amour et de l'attention de leurs parents. Fatima, avec des yeux emplis de tendresse, les incita à approfondir leur réflexion sur ce qu'ils avaient appris.

– "Et qu'avez-vous ressenti en apprenant ces sourates ? Y a-t-il des leçons spécifiques que l'Imam vous a partagées qui vous ont touchés ?" demanda-t-elle, encourageant une introspection plus profonde.

– "Quand j'ai récité Al-Fatiha. L'Imam a expliqué que c'est une sourate que nous récitons dans chaque unité de prière." répondit Amir, pensif.

– "C'était facile et amusant, maman, l'apprentissage," dit Amina avec une voix douce. "L'Imam commence à réciter un peu puis à notre tour de répéter ensemble et à haute voix. C'était impressionnant, et nous répétons plusieurs fois la même chose jusqu'à ce qu'on apprenne facilement."

– "Et vous savez, Oummi, Abbi, l'Imam nous a aussi parlé de l'importance de comprendre ce que nous lisons et récitons. Il a dit que cela rend notre prière plus significative et notre foi plus forte," dit Amir, son intérêt pour la langue arabe ravivé par cette révélation.

– "Oui, et il a mentionné comment chaque lettre récitée du Coran apporte des récompenses. Cela me donne envie d'apprendre encore plus et de faire partie de ces cercles de lumière chaque fois," ajouta Amina, sa détermination reflétant celle de son frère.

La journée se poursuivit avec des discussions riches de plans pour l'avenir, des engagements à poursuivre l'apprentissage et à partager les connaissances acquises. Ahmed et Fatima, regardant leurs enfants avec fierté, exprimèrent leur gratitude à Allah (swt) pour ces moments bénis de guidance et d'enseignement.

"Histoire après : Tournez !"

Histoire 28 : La Lune du Ramadan

La soirée s'installait doucement chez Ahmed et Fatima, tandis que leurs enfants, Amina et Amir, jouaient tranquillement. La télévision murmurait en arrière-plan, mais une conversation entre les deux adultes commença à prendre forme, captant l'attention des enfants.

– "Fatima, ils ont annoncé quelque chose sur la lune ?" demanda Ahmed en cherchant le regard de sa femme.

– "Je regarde... Non, rien encore. Mais il paraît que dans un autre pays, ils ont dit que ce ne sera pas pour demain," répondit Fatima, les yeux rivés sur son téléphone.

Les enfants, s'approchèrent avec curiosité.

– "Quelle lune ? C'est une histoire que vous racontez ?" demanda Amina, l'air perplexe.

– "Pourquoi on attend une annonce sur la lune ?" ajouta Amir, se joignant à la conversation.

– "On parle de la lune qui nous indique le début d'un mois très important pour nous. C'est un moment spécial qu'on attend chaque année," expliqua Ahmed avec patience.

– "Ce mois, c'est le moi béni du Ramadan. On jeûne, on prie, et on se rapproche d'Allah (swt). Mais tout commence avec la lune," rajouta Fatima, encourageant l'intérêt des enfants.

– "Oh Amir, tu as entendu ? Maman et papa ont dit que le Ramadan est bientôt !" s'exclama Amina, excitée.

– "C'est vrai, Amina ? C'est quand le Ramadan, maman ?" demanda Amir, cherchant à en savoir plus.

– "C'est pour ça qu'on cherche l'info sur la lune," répondit Fatima, expliquant la raison de leur recherche.

– "Mais pourquoi c'est la lune qui décide ?" s'interrogea Amina, cherchant à comprendre.

– "Et si on ne la voit pas, on fait comment ?" questionna Amir, l'air inquiet.

– "Le calendrier hégirien suit la lune, pas le soleil. Si on ne la voit pas, ça veut dire que le Ramadan commencera un jour plus tard. "C'est notre Prophète Mohammed (sws) qui nous a enseigné ça. Cela nous apprend l'unité." répondit Fatima.

– "Comme une grande chasse au trésor avec la lune !" s'exclama Amir, les yeux brillants d'excitation.

– "C'est pour ça que nous attendons l'annonce de l'Imam. Nous voulons être sûrs de commencer le Ramadan au bon moment, en suivant les enseignements du Prophète Mohammed (sws). Et le plus important, c'est de se préparer à accueillir le Ramadan dans nos cœurs, pas seulement à chercher la lune," conclut Ahmed, en soulignant le sens profond de cette période.

La discussion sur la lune et le Ramadan avait captivé toute la famille, mais Amir semblait un peu à l'écart, ses jeunes yeux emplis de questions encore non formulées.

– "Moi, je ne connais rien à propos du Ramadan... Qui peut m'expliquer ?" demanda Amir, l'air triste de se sentir un peu perdu dans cette conversation.

Fatima, voyant l'expression de son fils, posa son téléphone et s'assoit à côté de lui, l'air réconfortant.

– "Le Ramadan, mon cher Amir, c'est notre mois sacré chaque année. Pendant ce mois, nous jeûnons du lever de l'aube au coucher du soleil. Ce mois-là, le Ramadan, on le connaît grâce au calendrier hégirien, qui est calculé par l'observation de la lune," commença Fatima avec douceur.

Ahmed rejoint la conversation, voulant s'assurer que ses enfants comprennent bien.

– "Le jeûne, ça veut dire qu'on ne mange pas, on ne boit pas pendant la journée. Mais c'est bien plus que ça. C'est aussi un temps pour être gentil, pour prier plus, et pour aider ceux qui en ont besoin," ajouta-t-il, voulant souligner les aspects spirituels et sociaux du Ramadan.

Fatima, voyant l'intérêt grandissant de ses enfants, décida de leur expliquer davantage sur le calendrier hégirien et le jeûne du Ramadan.

– "Savez-vous combien de jours contient habituellement un mois ?" demanda-t-elle, voulant les impliquer davantage dans la conversation.

– "30 jours !" s'exclama Amina, toujours prompte à répondre.

– "Exact, Amina. Mais dans le calendrier hégirien, un mois peut durer soit 29 jours, soit 30 jours. Cela dépend de l'observation de la lune. C'est toujours comme ça. Retenez bien cela, mes enfants," expliqua Fatima avec douceur.

Les enfants hochèrent la tête avec attention, intégrant soigneusement cette nouvelle information.

Fatima, souhaitant clarifier davantage le processus d'observation de la lune à ses enfants, reprit son explication avec plus de détails.

– "L'observation de la lune de Ramadan se fait le 29ème jour du mois de Chaabane, le mois qui précède le Ramadan. Aujourd'hui, nous sommes précisément le 29 de Chaabane. Pendant le coucher du soleil de ce jour, et même un peu avant, des spécialistes et des Imams se rassemblent avec du matériel comme de grands télescopes pour observer le ciel," expliqua-t-elle, captant l'attention totale de ses enfants.

– "Comme des chasseurs de lune avec des caméras ?" demanda Amir, fasciné par l'image.

– "Exactement, comme des chasseurs de lune. Une fois qu'ils voient la nouvelle lune, qui a la forme d'un croissant, alors ils annoncent que nous avons vu la lune de Ramadan. Cela signifie que le 29 de Chaabane est le dernier jour de ce mois et que le Ramadan commence le lendemain," continua-t-elle, ses mots peignant une image claire dans l'esprit des enfants.

– "Et s'ils ne voient pas la lune, maman ?" posa Amina une autre question.

– "Si après plusieurs tentatives, ils ne voient rien dans le ciel, alors ils annoncent que nous n'avons pas vu la lune de Ramadan. Cela signifie que nous devons compléter le 30ème jour de Chaabane, et le Ramadan commencera le jour après demain," répondit Fatima, s'assurant que ses enfants comprennent le processus.

– "Oh, je comprends maintenant ! C'est pourquoi on attend pour savoir quand commence le Ramadan ! C'est un peu comme un mystère chaque année," s'exclama Amina, l'idée faisant son chemin.

– "Oui, et c'est très excitant ! Je veux être un chasseur de lune aussi !" déclara Amir, son imagination s'envolant.

Ahmed, ayant écouté attentivement l'explication de Fatima et les questions curieuses de leurs enfants, décida d'ajouter un élément important à la discussion.

– "Il y a même une autre méthode utilisée pour déterminer le début du Ramadan, basée sur le calcul mathématique et les mouvements des planètes. Cette méthode est complémentaire à l'observation directe de la lune," expliqua-t-il, attirant l'attention des enfants.

– "C'est comme être un détective de l'espace !" s'exclama Amir, ses yeux brillant d'imagination.

– "Exactement, mais cette méthode mathématique sert surtout à nous donner une idée préliminaire. C'est pour ça que parfois, nous entendons annoncer le début du Ramadan plusieurs jours à l'avance. Mais la méthode principale restent l'observation de la lune," poursuit Ahmed, voulant clarifier la hiérarchie des méthodes." En plus, tout cela, vous le comprendrez mieux lorsque vous grandirez, les enfants. C'est un mélange de science, de foi et de tradition qui nous aide à rester connectés à notre belle religion et à notre communauté," conclut-il, posant une main réconfortante sur l'épaule de chaque enfant.

Amina, pensant profondément à tout ce qu'elle a appris, hocha la tête.

– "Je veux apprendre comment ils font les calculs mathématiques aussi !" dit-elle, son intérêt pour la science piqué au vif.

– "Et moi, je veux voir la lune avec un télescope !" ajouta Amir, déjà rêvant d'aventures célestes.

Fatima et Ahmed échangèrent un regard empli de fierté et d'amour pour leurs enfants, heureux de voir leur curiosité et leur enthousiasme pour comprendre les traditions et les connaissances qui façonnent leur foi.

– "Alors, le Ramadan, ce n'est pas toujours le même nombre de jours ?" demanda Amir, désireux de comprendre.

– "Exactement, Amir. Cela varie. C'est une belle partie de notre religion et cela nous rappelle que tout est par la volonté d'Allah (swt). Nous suivons les signes qu'Il nous donne à travers la lune," répondit Fatima, contente de voir son fils s'intéresser ainsi.

– "C'est comme une surprise chaque année ! On ne sait jamais si ça sera 29 ou 30 jours !" ajouta Amina.

– "Tout à fait, Amina. Et pendant le Ramadan, nous prenons ce temps pour nous concentrer sur notre foi, sur la prière, le jeûne, et les bonnes actions. C'est un mois pour se rapprocher d'Allah (swt), réfléchir sur nos actions et nous purifier," conclut Fatima, enveloppant ses enfants d'un regard empreint de tendresse.

Les enfants, désormais mieux informés sur le Ramadan et ses particularités, semblent plus connectés à cette tradition. Leur curiosité satisfaite, ils se sentirent plus proches de leur culture et de leur foi, impatients de participer activement au mois sacré qui approchait. La discussion familiale prit une tournure excitante lorsque Fatima annonça soudainement une nouvelle importante.

– "Enfin, l'Imam a annoncé qu'ils ont observé la lune. Alors, le Ramadan commence demain !" partagea Fatima avec un sourire.

la famille partagea un moment de célébration chaleureuse.

– "Ramadan Moubarak !" s'exclamèrent-ils tous ensemble, échangeant des sourires , la joie palpable dans l'air.

Les enfants, excités par cette annonce, commencèrent immédiatement à poser des questions.

– "Alors, demain, du lever au coucher du soleil, on ne boit pas, on ne mange pas ?" demanda Amina

Ahmed saisit cette occasion pour clarifier un point communément mal compris.

– "Il faut faire attention à une erreur que tout le monde répète. Le jeûne commence du lever de l'aube, pas du lever du soleil. Le jeûne n'a aucune relation avec le lever du soleil parce qu'il commence pendant l'adhan du Fajr, bien avant le lever du soleil," corrigea-t-il, voulant s'assurer que ses enfants comprennent bien.

– "Et aussi, le Ramadan n'est pas obligatoire pour les enfants. Il faut atteindre un certain âge pour le faire obligatoirement. Mais les enfants, si vous voulez vous entraîner et jeûner avec nous, c'est une bonne idée," ajouta-t-il, encourageant leur participation sans imposer de pression.

Amina et Amir écoutèrent attentivement, traitant l'information. L'excitation de participer se mêle à la compréhension des nuances de leur foi.

– "Moi aussi, je veux essayer. Ça sera comme une aventure !" ajouta Amir, son enthousiasme redoublé.

Puis, comme la conversation se poursuit, Ahmed et Fatima prirent le temps de corriger les malentendus communs sur le jeûne et encouragent leurs enfants à participer à leur manière, soulignant que le Ramadan est une période de croissance spirituelle pour tous, peu importe l'âge.

"Histoire suivante !"

Histoire 29 : Le premier jour de Ramadan

Le premier jour de Ramadan avait enveloppé la maison d'Ahmed et Fatima dans une ambiance solennelle et joyeuse. Alors que la nuit sombrait encore et que l'aube était sur le point de se lever, la famille se rassembla pour le Sahour, le repas pris juste avant l'apparition de l'aube, partageant des mets délicieux et se préparant mentalement et physiquement pour la journée à venir. Après avoir savouré les dernières bouchées, ils se sont préparés pour la Salat Al-Fajr, la première prière de la journée, marquant ainsi le début du mois sacré de jeûne, de prière et de réflexion.

Amina, pleine d'enthousiasme, avait décidé de de jeûner ce jour là, malgré son jeune âge. Amir, voulant imiter sa sœur, avait aussi déclaré son intention de jeûner, mais la tentation de manger s'avéra trop forte pour lui.

– "Je suis désolé, maman, j'ai trop faim," avoua Amir, après avoir été surpris en train de grignoter.

– "C'est normal, Amir. Tu es encore petit, et essayer c'est déjà très bien," le rassura Fatima avec un sourire.

Pendant ce temps, Amina continuait courageusement son jeûne malgré les défis de la journée. Lorsqu'elle rentra de l'école à midi, la fatigue se lisait sur son visage, et les signes du jeûne étaient évidents. Malgré cela, elle gardait un sourire sur ses lèvres, consciente du sens profond de ce mois sacré.

– "Tu n'es pas obligée de continuer, Amina. Le jeûne n'est pas obligatoire pour toi," lui dit doucement Fatima, voyant sa fille lutter contre la faim et la soif.

– "Je ne me sens pas très affamée, Oummi. Je veux continuer," dit Amina, ses yeux brillant d'une résolution inébranlable.

Ahmed, ayant entendu la conversation, s'approcha de sa fille avec fierté. Regarda Amina avec une profonde fierté dans les yeux, reconnaissant le courage et la détermination de sa jeune fille. Il s'approcha d'elle.

– "Ce que tu fais, Amina, est bien plus qu'un simple jeûne. C'est un véritable test de patience et de force intérieure," commença-t-il, captant l'attention de sa fille. "C'est aussi une manière profonde de comprendre et de compatir avec ceux qui sont moins fortunés, qui connaissent la faim non pas par choix, mais par circonstance, tous les jours de l'année."

Il fit une pause, puis continua avec encore plus de conviction.

– "Je sais bien que ma fille est incroyablement forte, capable de relever même les défis les plus difficiles. Ta volonté de poursuivre, montre la grandeur de ton cœur et la force de ton esprit. Transforme cette fatigue en source de joie, Amina. Dis-toi que tu peux surmonter tous les obstacles. Imagine cela comme une mission dans un jeu, une quête que tu es destinée à accomplir avec succès. Et regarde, tu as déjà accompli plus de la moitié de ta mission."

Ahmed laissa échapper un sourire encourageant, ses yeux brillant d'admiration pour sa fille.

– "Je n'ai aucun doute, ma chère Amina, que tu es capable d'aller jusqu'au bout, de réussir cette mission avec brio. Ta force intérieure est un phare pour nous tous, et je suis fier, si fier, que tu sois ma fille. N'oublie jamais que le véritable succès réside dans la capacité à se surpasser, à faire preuve de résilience et de détermination."

Amina, touchée par les paroles de son père, sentit une vague de motivation la submerger. Les doutes et la fatigue s'estompaient, remplacés par une détermination renouvelée. Elle savait maintenant qu'elle n'était pas seule dans cette épreuve, elle avait le soutien indéfectible de sa famille et une force intérieure sur laquelle elle pouvait toujours compter.

Inspirée par les paroles de son père, Amina trouva une nouvelle force. Elle s'imaginait comme une héroïne de jeu, sur le point d'atteindre son objectif ultime.

Plus tard, Alors que l'heure du Maghreb approchait, enveloppant la journée d'une anticipation douce, la famille se préparait à rompre le jeûne, chacun réfléchissant aux moments passés et aux leçons apprises. Amina, tenant fermement une datte dans sa main, était prête à marquer la fin de son premier jeûne complet.

Fatima, observant avec attention, s'approcha d'Amina pour partager une leçon importante.

– "Amina, ma chérie, quand tu romps ton jeûne, commence par la datte et finis-la jusqu'à ce qu'elle soit bien avalée avant de boire de l'eau," expliqua Fatima, le sourire empreint de sagesse sur les lèvres.

Amina, regardant sa mère avec curiosité, tenait la datte un peu plus fermement, prête à écouter.

– "Tu sais, ma chérie, commencer par les dattes avant de boire de l'eau n'est pas seulement une tradition, c'est une Sunnah de notre Prophète Mohammed (sws). Il y a une grande sagesse derrière cela. Mais si tu bois de l'eau en même temps ou avant de manger la datte, l'eau va passer sûrement avant la datte dans ton estomac. Ainsi, techniquement, tu romprais ton jeûne sur l'eau et non sur la datte, ce qui te ferait perdre de nombreuses récompenses promises pour suivre la Sunnah."

Amina écoutait attentivement. C'était un aspect du jeûne qu'elle n'avait pas encore pleinement compris, et cette nouvelle compréhension lui apportait une appréciation encore plus profonde de la pratique du jeûne.

– "Comprendre pourquoi nous faisons certaines choses de manière spécifique nous aide à mieux apprécier notre foi et à suivre plus consciemment les enseignements du Prophète (sws). Cela renforce notre intention et notre dévotion, et Allah (swt), dans Sa grande miséricorde, nous récompense généreusement pour cela," ajouta Fatima.

Amina, inspirée par les paroles de sa mère, prit une profonde inspiration et mangea la datte, laissant le doux fruit parcourir son chemin, avant de prendre une gorgée d'eau. Elle sentit non seulement la satisfaction physique de rompre le jeûne, mais aussi une connexion spirituelle renouvelée, une joie intérieure d'avoir suivi une Sunnah et d'avoir appris une leçon précieuse de sa mère.

– "Alhamdulillah," murmura-t-elle.

– "Aussi, Amina, prends ton temps pour manger, ne te précipite pas. Ton estomac doit s'habituer doucement," conseilla Fatima avec douceur. "Et commence par des aliments légers avant de passer aux plats principaux," ajouta Ahmed, partageant son expérience.

Amir, ne voulant pas être laissé pour compte dans cet instant de partage familial, intervint avec une pointe d'orgueil :

– "Moi aussi, j'ai jeûné un peu ce matin, vous save !"

La famille échangea des sourires chaleureux, reconnaissant l'effort d'Amir.

– "C'est vrai, Amir. Chaque effort compte, et nous sommes fiers de toi," répondit Fatima, laissant échapper un rire affectueux.

– "Peut-être demain, tu jeûneras encore plus longtemps," encouragea Ahmed, lui donnant une petite tape sur l'épaule.

La soirée se poursuivit dans la convivialité et la spiritualité. Après la prière du Maghreb et un repas réconfortant, la famille décida d'assister ensemble à la prière de Tarawih à la mosquée, renforçant ainsi leur lien avec la communauté et leur foi.

Ensuite, en rentrant de la mosquée, la famille partagea des gâteaux orientaux, une douceur bien méritée après une journée de jeûne et de prières.

– "Ces moments ensemble sont les plus précieux," dit Fatima, en servant le thé à Ahmed.

Alors que la nuit enveloppait doucement la maison, les cœurs de la famille étaient emplis de gratitude et de joie. Le premier jour de Ramadan avait non seulement été un test de foi et de patience pour Amina et une leçon pour Amir, mais aussi une belle célébration de l'unité familiale et de la générosité de l'esprit.

"Prochaine histoire : Tournez !"

Histoire 30 : La Fête de l'Aïd Al-Fitr

Le 29e jour du Ramadan enveloppa la famille d'Ahmed d'une quiétude expectante. Ahmed, captivé par la télévision, guetta l'annonce cruciale de l'observation lunaire qui scellerait la fin du Ramadan. Fatima, à ses côtés, fouillait son téléphone, quêtant des nouvelles ou partageant des instants avec proches et amis distants. Amina et Amir, leurs enfants, s'amusaient près d'eux, lorgnant parfois l'écran, espérant découvrir si l'Aïd al-Fitr égayerait le lendemain.

Dans cette attente partagée, c'est Fatima qui brisa le silence, levant les yeux de son téléphone avec une nouvelle importante.

– "C'est confirmé pour demain," annonça-t-elle. "Ils ont observé la lune. Le Ramadan ne durera que 29 jours cette année."

Après l'annonce tant attendue, la soirée se poursuivit dans une ambiance de douce anticipation pour le lendemain. Les enfants, emplis de joie à l'idée de l'Aïd al-Fitr, prirent le temps de choisir et de préparer avec soin leurs vêtements neufs. Ces tenues, symboles de la célébration, furent posées à côté de leurs lits, prêtes pour le grand jour.

La famille, enveloppée dans le calme de la nuit, commença peu à peu à ressentir les effets d'une journée chargée d'émotions et d'attentes. Les préparatifs terminés, chacun ressentit le poids de la fatigue et l'envie de se reposer pour être au meilleur de sa forme pour les festivités à venir.

– "Allez, il est temps de dormir maintenant. Nous devons nous lever tôt demain," dit Fatima, guidant les enfants vers leur chambre avec tendresse.

Le sommeil vint rapidement, enveloppant la maison dans une paix sereine, tandis que dehors, les étoiles continuaient de briller.

Le matin, avant le lever du soleil, la maison bourdonnait d'activité. Fatima coordonnait les préparatifs, tandis qu'Ahmed aidait les enfants à se préparer.

– "Dépêche-toi, Amir, il est déjà 6h ! La prière de L'Aïd est à 7h, nous ne pouvons pas être en retard," pressa Fatima, vérifiant que tout était en ordre.

– "J'ai presque fini, maman ! Où est mon parfum ?" Amir cherchait autour de lui, son Qamis blanc immaculé déjà enfilé.

– "Ici, sur la commode. N'oublie pas de peigner tes cheveux," répondit Amina, tendant le flacon à son frère.

Ahmed, déjà prêt, vérifiait une dernière fois que tout le monde avait ce dont il avait besoin.

Arrivés à la mosquée, ils découvrirent un lieu déjà rempli de fidèles, tous rassemblés dans un esprit de célébration pour la prière de l'Aïd. L'air était empli d'adhkar spécifiques à l'Aïd, résonnant d'un ton profondément touchant et sentimental. Les voix des croyants s'élevaient en chœur, répétant inlassablement "Allahou Akbar, Allahou Akbar, La Ilaha Illallah, Allahou Akbar, Allahou Akbar, Wa Lillahi Alhamd, Subhana Allahi Wa Alhamdoulillahi Wa La Ilaha Illallah". Cette invocation, répétée encore et encore, enveloppait la mosquée d'une atmosphère de dévotion intense et de gratitude .

Le moment de la prière de l'Aïd arriva lorsque l'Imam interrompit ce flot continu d'invocations pour rassembler la communauté en rangs serrés, unifiant tous les fidèles dans la réalisation des deux unités de prière. Immédiatement après la prière, l'Imam entama la Khutba de l'Aïd, partageant des messages de foi, d'espoir et de solidarité.

À la fin de la prière, la place s'anima d'une chaleur humaine particulière. Les gens se congratulaient, se souhaitant mutuellement "Aïd Moubarak" avec des sourires qui éclipsaient la fraîcheur du matin. Dans cette atmosphère emplie de joie et de convivialité, la famille d'Ahmed prit un moment pour se joindre à la communauté dans cet échange de vœux chaleureux, renforçant les liens qui les unissaient non seulement en tant que famille mais aussi avec la communauté plus large.

Puis, le cœur léger et l'âme satisfaite par ces interactions pleines de sens, la famille se dirigea vers leur foyer. La matinée était encore jeune, mais les rues résonnaient déjà de l'effervescence du jour de l'Aïd. Les enfants, Amir et Amina, couraient devant, impatients de continuer les festivités.

– "Maman, à quelle heure allons-nous chez Oncle Mustapha ?" demanda Amina, en ajustant son joli foulard.

– "Nous allons rester un peu dans notre maison et vers midi on va partir, ma chérie," répondit Fatima, avec un sourire affectueux aux lèvres.

La maison était rapidement remise en ordre après un léger déjeuner, et bientôt, il était temps de se diriger vers la maison de l'oncle Mustapha. Les enfants étaient excités à l'idée de retrouver leurs cousins et cousines.

Peu après, une fois arrivée chez l'oncle Mustapha, la famille fut accueillie par une maison vibrante de rires et de conversations. Les enfants se précipitèrent vers le salon où les jeux et les jouets les attendaient, offerts généreusement par les adultes..

– "Regardez ce que papa et maman nous ont acheté !" s'exclama Amir, montrant fièrement un avion télécommandé tout neuf à ses cousins.

La journée se déroulait dans une ambiance de joie pure, les adultes partageant des repas et des souvenirs, tandis que les rires des enfants emplissaient l'air. Cependant, un petit incident vint perturber brièvement la paix. En jouant, Amir renversa accidentellement un vase précieux. Un silence surpris tomba sur la pièce, tous les yeux se tournant vers lui. Les cousins d'Amir le regardèrent, stupéfaits.

– "Amir, qu'est-ce que tu as fait ? Tu n'as pas peur des conséquences ?" chuchota l'un d'eux.

Amir se tenait là, un peu embarrassé mais étonnamment calme.

– "Je suis désolé pour le vase. Mais Abbi dit que l'Aïd est un jour de joie et de pardon. Même si on fait une bêtise, c'est important de se rappeler qu'aujourd'hui, nous célébrons," expliqua-t-il, son innocence brillant dans ses yeux.

Ahmed s'approcha, ayant entendu l'échange. Il posa une main rassurante sur l'épaule d'Amir.

– "Ce que Amir dit est vrai. L'Aïd est un temps de foi, pour la famille, le pardon et l'amour. Nous pouvons remplacer un vase, mais la joie de ce jour reste avec nous," dit-il, guidant son fils à travers la foule pour s'excuser auprès de l'oncle Mustapha. L'oncle Mustapha, avec la sagesse et la gentillesse qui le caractérisaient, rassura Amir avec un sourire.

– "Ne t'en fais pas, mon garçon. L'Aïd est effectivement un jour de joie. Ce qui compte, c'est que nous sommes tous ensemble."

La journée se poursuivit, l'incident du vase devenant rapidement un simple souvenir parmi les nombreux moments de bonheur partagés. Les enfants continuèrent à jouer, les adultes à discuter et à rire, et la maison de l'oncle Mustapha resta remplie de l'esprit de l'Aïd, un esprit de communauté, de joie et de pardon. C'était un Aïd que ni Amir ni sa famille n'oublieraient de sitôt.

"Suivant : En route vers les quiz !"

QUIZ : 100 Questions

Assalemou Aleykoum !

Salut toi ! Avant de plonger dans l'aventure de ses 100 questions de quiz, voici quelques astuces pour toi :

1. Utilise une feuille et un stylo pour répondre aux quiz, afin de garder ton livre intact pour le relire ou le partager.

2. Âge et approche des quiz :

- Moins de 10 ans ? Prends les quiz trois par trois.

- Plus de 10 ans ? Tente le défi de tous les faire en une fois, puis tu peux refaire trois par trois !

3. Liberté de choix : Ces conseils sont là pour t'aider, mais tu es libre de les suivre ou non. Fais comme tu le sens !

4. Points bonus : Démarre avec 10 points bonus en remerciement pour ta lecture et ton effort. Ton score final est sur 100. Si tu as déjà un score parfait, partage ces points bonus avec quelqu'un d'autre !

5. Scores et encouragement:

- 40 points ou moins, c'est bien, mais tu peux viser plus haut.

- 60 points, bravo, tu progresses !

- Plus de 80 points, fantastique, tu es un champion !

6. Réponses aux quiz : Elles se trouvent après les questions. Pour une expérience complète, essaie de ne pas les regarder avant d'avoir fini.

Rappelle-toi, l'important est de t'amuser et d'apprendre.

Prêt pour l'aventure ?

- **Quiz Histoire 1 (3 pts) :**

1. Qui sont les membres de la famille décrite dans l'histoire ?

2. Quels sont les cinq piliers de l'Islam ?

3. Quels sont Les six piliers de la foi ?

- **Quiz Histoire 2 (3 pts) :**

4. Qu'est-ce que la Zakat ?

5. Où se trouve la Kaaba ?

6. Quelle fête marque la fin du Ramadan ?

- **Quiz Histoire 3 (3 pts) :**

7. Combien de fois on se lave les mains au début du Woudou ?

8. Combien de fois on se lave le visage lors du Woudou ?

9. Quelle est l'étape finale du Woudou ?

- **Quiz Histoire 4 (3 pts) :**

10. Quelle sourate récite-t-on au début de chaque unité de prière?

11. Que dit-on lorsqu'on se penche en roukou ?

12. Combien de fois se prosterne-t-on (soujoud) dans une unité?

- **Quiz Histoire 5 (3 pts) :**

13. De quelle couleur était le Qamis d'Amir ?

14. Que devait-on faire avant d'entrer dans la mosquée ?

15. Quel est le nom de la prière que Amir et son père sont allés faire à la mosquée ?

- **Quiz Histoire 6 (3 pts) :**

16. Comment dit-on bonjour en Islam ?

17. Que dit-on avant de commencer à manger ?

18. Avec quelle main doit-on donner quelque chose ?

- **Quiz Histoire 7 (3 pts) :**

19. L'année correspond à la naissance de notre prophète (sws)?

20. Qui a voulu attirer les pèlerinages loin de la Kaaba ?

21. Quel est le nom du grand-père de notre Prophète (sws) ?

- **Quiz Histoire 8 (3 pts) :**

22. Nom de la mère du Prophète Mohammed (sws) ?

23. Comment s'appelle la mère d'allaitement du Prophète (sws)?

24. Pourquoi Halima a gardé le Prophète (sws) plus longtemps ?

- **Quiz Histoire 9 (3 pts) :**

25. Qui a purifié le cœur du Prophète (sws) dans le désert ?

26. Qu'a utilisé pour purifier le cœur du Prophète (sws) ?

27. Qui a pris soin du Prophète (sws) après la mort de sa mère?

- **Quiz Histoire 10 (3 pts) :**

28. Où Abd al-Mouttalib s'asseyait-il habituellement à La Mecque ?

29. Quel était le rôle d'Abd al-Mouttalib à La Mecque ?

30. Qui a pris soin du Prophète (sws) après Abd al-Mouttalib ?

- **Quiz Histoire 11 (3 pts) :**

31. Le nom du moine qui a reconnu les signes du prophète (sws) ?

32. Signe se trouve entre les épaules de notre prophète (sws) ?

33. Que fit Bahira de différent ce jour-là pour les commerçants ?

- **Quiz Histoire 12 (3 pts) :**

34. Quel prophète a parlé pendant son berceau ?

35. Fruit tombé pour nourrir la mère du prophète Issa (psl) ?

36. Qui est le cousin du Prophète Issa (psl) ?

- **Quiz Histoire 13 (3 pts) :**

37. Qui était l'ennemi du Prophète Moussa (psl) ?

38. Qui a trouvé le Prophète Moussa (psl) dans le Nil ?

39. Qui a surveillé le prophète Moussa pour informer sa mère ?

- **Quiz Histoire 14 (3 pts) :**

40. Quel prophète a fait un rêve significatif dans sa jeunesse ?

41. Qui a conseillé à Youçouf (psl) de garder son rêve secret ?

42. Que firent les frères de Youçouf (psl) pour l'éloigner ?

- **Quiz Histoire 15 (3 pts) :**

43. Qui est le père du Prophète Ismaël (psl) ?

44. Quel est le nom de la mère du Prophète Ismaël (psl) ?

45. Entre quelles collines Hajar a couru à la recherche d'eau ?

- **Histoire 16 (3 pts) :**

46. L' ange qui a visité le Prophète (sws) avec l'ange Jibril ?

47. Le nom du retour triomphal du Prophète (sws)   à La Mecque ?

48. Le Prophète Mohammed (sws) a-t-il pardonné ou puni ses ennemis après le Fath Makkah ?

- **Histoire 17 (3 pts) :**

49. Qui est devenu gouverneur d'Égypte ?

50. Pourquoi les frères de Youçouf (psl) sont-ils venus en Égypte ?

51. Le Prophète Youçouf (psl) a-t-il puni ses frères ?

- **Histoire 18 (3 pts) :**

52. Créature a emmené le Prophète (sws) dans son voyage ?

53. Quelle était la particularité de Al-Bouraq ?

54. Quel prophète est au septième ciel ?

- **Histoire 19 (3 pts) :**

55. Quel événement extraordinaire est évoqué dans le récit ?

56. Qui a vu l'image de la mosquée Al-Aqsa dans le ciel ?

57. Quel événement le Prophète a-t-il prédit aux Quraysh ?

- **Histoire 20 (3 pts) :**

58. Qui est le prophète qui a construit l'arche ?

59. Quel prophète pouvait parler aux animaux ?

60. Qui a été avalé par une baleine ?

- **Quiz Histoire 21 (3 pts) :**

61. Quels miracles le Prophète Moussa (psl) a-t-il montrés ?

62. Pourquoi le Pharaon a-t-il convoqué les sorciers ?

63. Quelle a été la réaction des sorciers face au miracle ?

- **Quiz Histoire 22 (3 pts) :**

64. Quel était le souhait du lépreux ?

65. Quelle a été la réaction du chauve à la demande d'aide ?

66. Comment l'aveugle a-t-il réagi à la demande d'aide ?

- **Quiz Histoire 23 (3 pts) :**

67. Quelle garantie l'emprunteur a-t-il offerte pour le prêt ?

68. Combien d'argent l'emprunteur a-t-il emprunté ?

69. Qu'a découvert le prêteur dans le morceau de bois ?

- **Quiz Histoire 24 (3 pts) :**

70. Quel était le signe de la richesse de Qaroun ?

71. Qui était Sahib al-Jannatayn ?

72. Qui est Dhou al-Qarnayn ?

- **Quiz Histoire 25 (3 pts) :**

73. Pourquoi Ahmed était-il fâché contre son fils Amir ?

74. Quel exemple Fatima utilise-t-elle pour enseigner à Amir ?

75. Quel est le message principal de cette histoire ?

- **Quiz Histoire 26 (3 pts) :**

76. À quoi Ahmed et Fatima pensent-ils chaque soir ?

77. Quel est le devoir des parents selon Ahmed ?

78. Quelle est l'idée d'Ahmed pour motiver ses enfants ?

- **Quiz Histoire 27 (3 pts) :**

79. Où se déroulait la session d'apprentissage des Sourates ?

80. Qui a accueilli Amir et Amina à la mosquée ?

81. Quelles sourates Amir et Amina ont-ils appris ?

- **Quiz Histoire 28 (3 pts) :**

82. Quelle est la base du calcul du calendrier hégirien ?

83. Combien de jours contient un mois dans le calendrier hégirien ?

84. Quand l'observation de la lune est-elle réalisée pour déterminer le début du Ramadan ?

- **Quiz Histoire 29 (3 pts) :**

85. Qu'est-ce que le Sahour ?

86. Quelle prière marque le début du jeûne ?

87. Le jeûne du Ramadan est-il obligatoire pour les enfants ?

- **Quiz Histoire 30 (3 pts) :**

88. Combien d'unités de prière pendant la prière de l'Aïd ?

89. Qu'a fait l'Imam immédiatement après la prière de l'Aïd ?

90. Comment les gens se sont-ils souhaités après la prière de l'Aïd ?

- **Questions Variées (10 pts) :**

91. Que dit-on quand on voit quelque chose de bon ?

92. Quel mot dit-on après avoir fini de manger

93. Quel est le nom de la mère du Prophète Issa (psl) ?

94. Quel est le plus grand miracle du Prophète Issa (psl) ?

95. Quel prophète a été envoyé pour libérer son peuple de pharaon ?

96. Que représentait le soleil, la lune et les onze étoiles dans le rêve de Youçouf (psl) ?

97. Que prétendirent les frères de Youçouf (psl) à leur retour chez leur père ?

98. Qui a fait surgir la source d'eau de Zamzam ?

99. Où l'eau de Zamzam est-elle située ?

100. Qui a été submergé de joie par le retour de Youçouf (psl) ?

Place ta note ici, quatre opportunités t'attendent pour briller davantage !

Essai 1	Essai 2	Essai 3	Essai 4
/100	/100	/100	/100

"Essaie de répondre par toi-même et si tu as besoin d'aide, les réponses t'attendent aux pages suivantes !"

Réponses de Quiz

1.   Amina (10ans), Amir (7 ans) et leurs parents Fatima et Ahmed.

2. Les cinq piliers de l'Islam mentionnés sont la Shahada, la Salat, le Zakat, le Saum, et le Hajj.

3. Les six piliers de la foi sont : La croyance en Allah (swt), en Ses anges, en Ses livres, en Ses messagers, au Jour dernier, et au destin, qu'il soit bon ou mauvais."

4. La Zakat est un devoir qui consiste à donner une partie de ses biens aux personnes dans le besoin, à condition que ces biens excèdent le nisab, le seuil minimal.

5. La Kaaba se trouve à la Mecque.

6. L'Aïd el-Fitr marque la fin du Ramadan.

7. Les mains jusqu'aux poignets trois fois au début du Woudou.

8. Se laver le visage trois fois lors du Woudou.

9. L'étape finale du Woudou est de laver les pieds, jusqu'aux chevilles, en commençant par le pied droit puis le gauche, trois fois chacun.

10. On récite l'Al-Fatiha, la première sourate du Coran, au début de chaque unité de prière.

11. En roukou, on dit "Subhana Rabbiyal Adheem" trois fois.

12. On se prosterne deux fois dans une unité de prière.

13. Le Qamis d'Amir était blanc.

14. On devait enlever ses chaussures avant d'entrer dans la mosquée.

15. La prière s'appelle la prière du vendredi.

16. Assalam Aleykom.

17. Bismillah.

18. La main droite.

19. l'année de l'Éléphant.

20. Un roi arrogant nommé Abraha.

21. Abdoul Muttalib.

22. Amina

23. Halima

24. Pour ses bénédicitons.

25. Deux anges.

26. De l'eau et de la neige.

27. Son grand-père, Abd al-Mouttalib

28. À l'ombre de la Kaaba.

29. Il était le leader de la tribu de Quraysh et une figure très respectée.

30. Son oncle, Abou-Taleb.

31. Bahira.

32. Le sceau de la prophétie.

33. Il prépara un grand repas et invita tous les commerçants de Quraysh.

34. Le prophète Issa (psl).

35. Des dattes.

36. Le prophète Yahya (psl).

37. Le pharaon.

38. Asiya, l'épouse du pharaon.

39. La sœur du prophète Moussa (psl).

40. Le prophète Youçouf (psl).

41. Son père le prophète Yaakoub.

42. Ils l'ont jeté au fond d'un puits.

43. Le Prophète Ibrahim (psl).

44. Hajar.

45. Safa et Marwa.

46. L'ange des montagnes.

47. Le retour triomphal est appelé le Fath Makkah.

48. Le Prophète Mohammed (sws) a pardonné à ses ennemis après le Fath Makkah.

49. Le Prophète Youçouf (psl).

50. Pour chercher de la nourriture pendant une grande famine.

51. Non, il a choisi de les pardonner.

52. Al-Bouraq.

53. Super rapide.

54. Le Prophète Ibrahim (psl).

54. Le Prophète Ibrahim (psl).

55. Al-Israa Wa Al-Miiraj

56. Le prophète Mohammed (sws)

57. L'arrivée exacte d'une caravane.

58. Le Prophète Nouh (Noé) (psl).

59. Le Prophète Soulayman (Salomon).

60. Le Prophète Younous (Jonas).

61. Son bâton se transforma en serpent et sa main brillait d'une lumière quand il la retira de sa poche.

62. Pour prouver que les miracles de Moussa (psl) étaient des tours de magie.

63. Ils reconnurent que ce n'était pas de la magie et devinrent des croyants sincères en Allah (swt).

64. Être guéri de sa lèpre et avoir une belle peau.

65. il a refusé d'aider, affirmant que sa richesse venait de son propre héritage.

66. Avec grande générosité, prêt à partager sa fortune.

67. Allah (swt) est suffisant comme garant.

68. Mille dinars.

69. L'argent et une note expliquant la situation.

70. Les clés de ses trésors nécessitaient un groupe d'hommes forts pour être portées.

71. Un homme possédant deux magnifiques jardins.

72. Un roi sage et humble croyant en Allah (swt).

73. Parce qu'Amir a utilisé des mots durs contre sa sœur.

74. L'exemple du Prophète Mohammed (sws), qui n'a jamais insulté personne.

75. L'importance de la communication respectueuse, l'apprentissage de nos erreurs.

76. Aux meilleures méthodes pour enseigner des valeurs importantes à leurs enfants.

77. Montrer l'exemple et enseigner ces valeurs à leurs enfants.

78. Les remplir de motivations et de bons conseils pendant le petit déjeuner.

79. À la mosquée.

80. L'Imam de la Mosquée.

81. Al-Fatiha, Al-Ikhlas, Al-Falaq, et An-Nas.

82. L'observation de la lune.

83. Soit 29 jours, soit 30 jours.

84. Le 29ème jour du mois de Chaabane.

85. Le repas pris juste avant l'aube pendant le Ramadan.

86. La Salat Al-Fajr.

87. Non.

88. Deux unités.

89. Il a entamé la Khoutba de l'Aïd.

90. En se disant "Aïd Mubarak" avec des sourires.

91. Masha'Allah ou Tabarak'Allah.

92. Alhamdulillah.

93. La vertueuse Maryam (Marie).

94. La naissance sans père.

95. Le prophète Moussa (psl).

96.Ses onze frères et ses deux parents.

97. Is prétendirent que Youçouf avait été dévoré par un loup.

98. L'ange Jibril.

99. À La Mecque.

100. Le Prophète Yaacoub (psl).

"Fais un pas de plus, la dernière page t'appelle !"

" 'Alhamdoulillah' qu'Il nous a facilité le partage des valeurs et des enseignements de notre foi.

Toi aussi, Tu peux participer en conseillant les autres à découvrir ces merveilles. Ton commentaire est très important et peut aider d'autres curieux à entreprendre ce voyage de découverte. Tes mots ont le potentiel d'être la lumière guidant quelqu'un d'autre vers les miracles que nous cherchons à partager. Prends un moment pour laisser ton expérience et tes réflexions. Ensemble, nous pouvons inspirer et orienter ceux en quête de sens.

Qu'Allah (swt) nous bénisse, nous et nos familles, par Sa miséricorde."